THICH NHAT HANH
über das Wesen des Glücks

Jean-Pierre & Rachel Cartier

THICH NHAT HANH
über das Wesen des Glücks

Aus dem Französischen von
Renate Stolze

O.W. Barth

Die Originalausgabe erschien unter dem Titel
»THICH NHAT HANH ou le bonheur de la pleine conscience«
bei Èditions de La Table Ronde, 7, rue Corneille, Paris

www.fischerverlage.de

Erschienen im O.W. Barth Verlag,
einem Unternehmen der S. Fischer Verlag GmbH,
Frankfurt am Main

Satz: H & G Herstellung, Hamburg
Druck und Bindung: Ebner & Spiegel, Ulm
Printed in Germany

ISBN 978-3-502-61143-1
ISBN 3-502-61143-2

Inhalt

»Wir hetzen uns ab in dem Glauben, das Glück sei in der Zukunft zu finden. Buddha jedoch sagt, dass die Bedingungen für Wohlbefinden und Glück genau hier, genau jetzt zu finden sind.
Das ist die Lehre vom glücklichen Leben im gegenwärtigen Augenblick.«

Thich Nhat Hanh

1

WER IST ER?

Zwölf sind es, neun junge Mädchen und drei junge Männer, die in drei Reihen in der Mitte des großen Meditationssaales sitzen, der aus Anlass des heutigen Tages mit farbigem Papierschmuck dekoriert ist. Um sie herum sind ihre Familien sowie die hundertzwölf Mönche und Nonnen des Village des Pruniers versammelt, die Männer auf der einen, die Frauen auf der anderen Seite. In ihrem Ernst beeindruckend sind die Mönche und Nonnen mit kahl rasierten Schädeln, die unter den Lichtstrahlern schimmern.

Die zwölf haben ihre Haare noch. Sie haben ihre schönsten Sachen angezogen. Die jungen Mädchen besonders: Sie tragen lange Kleider, wie eine Braut bei der Hochzeit.

Der Gong ertönt dreimal, und die Gemeinde stimmt einen feierlichen Gesang an, dessen Melodie merkwürdigerweise die des »Veni Creator« ist, einer alten lateinischen Hymne, die früher zu Pfingsten in den Kirchen gesungen wurde.

So beginnt an diesem Morgen, dem des 5. Mai 2000, die Zeremonie der Ordination im Village des Pruniers. Eine ganze Zeit lang wechseln Sprechgesänge und Rezitationen der heiligen Texte des Buddhismus einander ab.

Jetzt tritt der Meister Thich Nhat Hanh vor. Über seiner braunen Robe trägt er wie alle hier versammelten Mönche und Nonnen das orangefarbene Zeremoniengewand. Was sofort an ihm auffällt, ist seine außerordentliche Präsenz. Als er auf die zukünftigen Mönche und Nonnen zugeht, hat man das Gefühl, dass jede seiner Gesten eine Meditation ist.

Er wendet sich an die versammelte Gemeinde, an die Mönche und Nonnen, die aus den drei Weilern von Pruniers gekommen sind, und beginnt mit den rituellen Fragen, auf die er Antworten erhält, die ebenso zum Ritual gehören:

– Ist die ganze Gemeinde anwesend?
– Ja, die ganze Gemeinde ist anwesend.
– Ist die Gemeinde in Harmonie?
– Ja, die Gemeinde ist in Harmonie.
– Aus welchem Grund hat sich die Gemeinde heute versammelt?
– Um die Ordination der Postulanten vorzunehmen.

Eine Assistentin liest jetzt die Namen der Postulanten vor, und Thich Nhat Hanh fragt die Gemeinde, ob sie bereit ist, sie in die Gemeinschaft aufzunehmen. Wenn die Mitglieder einverstanden sind, müssen sie nur schweigen; wenn sie Einwände haben, ist das jetzt die letzte Möglichkeit, diese vorzubringen. Ein tiefes Schweigen liegt einen Augenblick lang über der Versammlung.

Die zwölf Postulanten treten jetzt, einer nach dem anderen, aus der Reihe hervor und werfen sich viermal vor Thich Nhat Hanh nieder, »zum Zeichen der Dankbarkeit für das organische und das anorganische Leben«.

Ein Assistent tritt nun hinzu. Er trägt eine Tasse mit einer Rose darin. Thay, wie ihn seine Schüler nennen – ein Wort, was so viel wie »Ausbilder oder Lehrer« bedeutet –, legt die Hände auf den Kopf der Postulanten und gießt ihnen mithilfe der Rose etwas Wasser über die Stirn. Leise stellt er einige Fragen und schneidet allen eine Haarsträhne ab, während Gongs ertönen und die ganze Versammlung Hymnen anstimmt.

Die Postulanten werfen sich dreimal nieder, bevor sie ihre Robe in Empfang nehmen, um sie dann für den Rest der Zeremonie gefaltet auf ihren Kopf zu legen, dieses bescheidene Mönchs- oder Nonnengewand, das bis ans Ende ihrer Tage ihr einziges Kleidungsstück sein wird.

Nun kommt der allerfeierlichste Moment, das Ablegen der Gelübde. Ein Assistent verliest die Gebote des Buddha und fragt die Postulanten, ob sie bereit sind, diese ihr Leben lang zu befolgen. Sie antworten »I do« und verpflichten sich damit, nicht zu töten, nicht zu stehlen, Keuschheit zu bewahren, sich nicht mehr vom Konsum verlocken zu lassen, auf Kosmetik, Schmuck, Zerstreuungen und Luxus zu verzichten. Sie verpflichten sich, ihr Leben lang Vegetarier zu sein und keine Güter und kein Geld anzusammeln. Das sind feierliche Gelübde, die für das ganze Leben bindend sind und denen man ihre Bedeutsamkeit anmerkt.

Das ist jetzt beendet. Gongs und Trommeln begleiten nun die Gesänge, die Freude und Dankbarkeit zum Ausdruck bringen.

Die Zeremonie des Tonsurschneidens wird etwas später im engsten Kreis stattfinden. Einige der jungen Mädchen hatten wundervolles Haar, das ihnen lang über die Schultern fiel, und als wir sie beim Frühstück wiedersehen, sind wir verblüfft, wie schwer, fast unmöglich es ist, sie wiederzuerkennen. Sie scheinen unserer Welt schon sehr fern zu sein, wobei die Tonsur ja auch traditionell den Moment des Übertritts vom normalen menschlichen Dasein zum religiösen Leben bezeichnet.

Am Nachmittag desselben Tages. Ein Holzsteg führt über einen kleinen Teich, auf dem der Lotos zu blühen beginnt. Ein ungewöhnlicher Anblick: In unmittelbarer Nähe des Holzstegs hat man eine Babypuppe auf einen Felsvorsprung gesetzt, eine richtige Babypuppe, ähnlich den Zelluloidpuppen, wie sie die kleinen Mädchen in unserer Kindheit hatten. Sie stellt den Buddha dar, der gerade geboren ist, denn man hat den Jahrestag seiner Geburt gewählt, um die Mönche und Nonnen zu ordinieren.

Zwei große Wannen, gefüllt mit Rosenblättern, stehen in der Mitte des Stegs. Diejenigen, die dem Kind Buddha ihre Verehrung erweisen wollen, nähern sich von beiden Seiten, schöpfen mit einer Holzkelle Rosenblätter aus dem Wasser und verteilen sie über seinen Kopf. Der Andrang ist so groß, dass die Zeremonie fast den ganzen Nachmittag andauert.

Als Erster geht Thay langsam vor, zwei Kinder an der Hand haltend. Sein Gesicht, das bei der Zeremonie am Morgen so ernst war, ist jetzt von einem Lächeln erhellt, diesem überwältigenden Lächeln, das aus der Tiefe des Herzens kommt. Für Thich Nhat Hanh sind Kinder eine der größten Freuden – wir werden noch oft Gelegenheit haben, das zu bemerken. Er liebt es, mit ihnen zu spielen und in ihre Blicke einzutauchen. Vielleicht erklärt das, warum er einen großen Teil seines Lebens damit verbracht hat, Kinder zu retten, sich um sie zu kümmern, sie mit Essen zu versorgen und die kleinen Vietnamesen die Schrecken vergessen zu lassen, die sie erlebt haben. Sie einfach zu lieben.

Als wir ihn so sehen, wie er langsam vorangeht und die Kinder an der Hand hält, haben Rachel und ich den gleichen Gedanken: Dieser so ernste Mensch, dieser Kämpfer, dieser Gelehrte, der Dutzende von Büchern geschrieben hat, um die Sutras des Buddha zu erklären und die buddhistische Psychologie zu lehren, dieser von so vielen Schülern auf der ganzen Welt verehrte Meister – dieser außerordentliche Mensch hat es verstanden, in seinem Herzen ein Kind zu bleiben. Und man muss unwillkürlich an die Worte Christi denken: »Wenn ihr nicht werdet wie die Kinder ...«

Wer ist er? Das ist eine Frage, die schwer zu beantworten ist, denn er hält sich ungern bei seiner Biographie auf, wie er auch nicht gerne Interviews gibt. Ein Leben lang hat er sein »Tagebuch« geführt, aber erst vor einigen Jahren der Veröffentlichung der Texte aus den Jahren 1962 bis 1966 zugestimmt, unter dem Titel *Feuilles odorantes de palmier (Der Duft von Palmenblättern)*. Tatsächlich wurden in alter Zeit die Lehren des Buddha auf Palmblättern niedergeschrieben.

Dass er bereit war, dieses Buch zu veröffentlichen, ist ein großes Glück. Denn in seiner Frische und Poesie gestattet es uns einen Einblick in die Gefühle des jungen Mönchs und auch des Kämpfers, der sich mit dem Unverständnis seiner Rangoberen und den Schrecken des Vietnamkrieges auseinander setzen musste.

1926 geboren, war er erst sechzehn Jahre alt, als er Mönch wurde, aber bereits damals war er von solch einem Verlangen nach dem Absoluten und nach Gerechtigkeit besessen, dass er sehr bald schon Schwierigkeiten mit den traditionelleren buddhistischen Autoritäten bekam.

Er, ein zutiefst spirituell, sogar mystisch veranlagter Mensch, war immer davon überzeugt, dass der Buddhismus nicht nur zum Ziel hat, den Individuen auf dem Weg zur Erleuchtung zu helfen. In seinen Augen musste der Buddhismus ein engagierter Buddhismus sein. Das heißt, er sollte aus seiner Tiefe die Kraft schöpfen, bei allen großen Problemen, die die Menschheit bewegen und die sie leiden lassen, einzugreifen. Gewiss, es ist gut, Frieden in sich zu finden, aber mit dem Ziel, mehr Frieden in der Welt herrschen zu lassen, die Gewalt zu bekämpfen, ohne sie jedoch selbst anzuwenden. Der Lebensinhalt eines religiösen Menschen muss es also sein, gegen Ungerechtigkeit zu kämpfen, gegen Armut, Analphabetentum und natürlich gegen den Krieg, und da weiß Thay, wovon er spricht, denn er hat sich mit ganzer Kraft für die Beendigung des Krieges eingesetzt, der Vietnam so lange zerrissen hat.

Um den Konflikten zu entkommen, die anfingen, ihn in Gegensatz zum traditionellen Buddhismus zu bringen, gründete er 1962, als er gerade sechsunddreißig Jahre alt war, das Kloster Phuong Boi (was »Duftende Palmblätter« heißt), einen Ort, nach dem er noch heute starkes Heimweh hat. Wenn er davon spricht, hat man das Gefühl, dass er vom verlorenen Paradies redet.

Zusammen mit einigen Mitstreitern, engen Freunden, musste er den Dschungel roden, um das Kloster zu bauen. Sie hatten den Wunsch gehabt, sich möglichst weit weg von der Zivilisation niederzulassen, im Inneren Vietnams, und sich entschlossen, für den Lebensunterhalt Tee anzubauen. Das Kloster wurde zu einer kleinen Insel des Friedens im Hochland, im tiefsten Dschungel, wo sie manchmal sogar auf Tiger trafen.

Der Tee hatte kaum Zeit gehabt zu wachsen, da hatte der Krieg sie schon wieder eingeholt. Diese Zuflucht, dieser Ort der Stille, störte alle, die Kommunisten ebenso wie die Regierungstruppen. Sie mussten nach Saigon flüchten, und danach wurde bei den Kämpfen fast alles, was sie aufgebaut hatten, zerstört.

Wenn er in seinem »Tagebuch« das verlorene Glück beschwört, findet er einen Ton, der zu Herzen geht. Während seines Aufenthaltes in den USA schreibt er: »Plötzlich habe ich an Phuong Boi gedacht, und mein Herz war von Sehnsucht erfüllt. Aber genug! Genug davon! Phuong Boi ist unseren Händen entglitten. Ich weine um jeden Strauch, um jede Lichtung, um jeden Pfad. Aber wir werden Phuong Boi niemals verlieren. Denn es bleibt in unseren Herzen als heilige

Realität. Wo wir auch sein mögen, es reicht, nur den Namen Phuong Boi zu hören, und schon sind wir zu Tränen gerührt.«

Phuong Boi zu verlassen war sicher eine der schwersten Entscheidungen in seinem Leben, umso mehr, als die durch den Vietnamkrieg heraufbeschworene Lage entsetzlich war. Jeden Tag sah er die Leiden seines Volkes, die bombardierten Dörfer, Napalm, die zahllosen Grausamkeiten, die von beiden Kriegsparteien begangen wurden. Er sah die Kinder leiden und sterben und spürte, wie in seinem Herzen der unbezwingbare Wunsch nach Frieden wuchs. Er stand zwischen den Fronten: Die Kommunisten betrachteten ihn mit Misstrauen, weil er Buddhist war, und die Nationalisten, ebenso wie die Amerikaner, gingen nicht auf seine ständigen Aufrufe zum Frieden ein.

Er musste Vietnam verlassen und ging in die USA, um dort an den Universitäten von Columbia und Princeton die vietnamesische Sprache und Kultur sowie buddhistische Psychologie zu lehren. Das ging bis 1963, als seine Freunde ihn baten, in die Heimat zurückzukehren, um ihnen zu helfen, den Krieg zu beenden.

Von diesem Moment an kämpfte er an allen Fronten. Er wusste, dass die Menschen auf dem Lande schrecklich litten, dass ihre Dörfer tagsüber oft von den Nationalisten und in der Nacht von den Kommunisten besetzt wurden. Er kannte das Elend der Bauern, die zwischen die Fronten gerieten und die doch nichts weiter wollten, als in Frieden ihren Reis und ihr Gemüse anzubauen. Er sah, wie ihre Häuser unter den Bomben zusammenstürzten, wie die Ernte zerstört oder beschlagnahmt wurde, das Elend immer grausamer wütete ...

Er resignierte nicht, und weil er seinem Wesen nach ein Organisator ist, gründete er 1964 die Schule der Jugend für den

Sozialdienst und schickte Mönche, Nonnen und Laien in die am meisten gefährdeten und elendsten Dörfer. Die jungen Leute richteten dort Schulen und Ambulanzen ein und gewannen die Herzen der Dorfbewohner, weil sie entschlossen waren, ihr Leben zu teilen. Das ist es, was Thay unter engagiertem Buddhismus versteht. Denn davon ist er überzeugt: In einer Situation wie der in Vietnam hätte sich der Buddha nicht damit begnügt, im Tempel sitzen zu bleiben und zu meditieren. Seine Statuen dort haben Menschen aufgestellt, aber er selbst, heute wie zu allen Zeiten, steht auf der Seite jener, die kämpfen, um den Bauern zu helfen, zu retten, was zu retten ist, und aufzubauen, was zerstört ist.

»Sich in einem Tempel zu isolieren«, schreibt er in seinem »Tagebuch«, »hat keinen Sinn für diejenigen, die den Buddha erkennen wollen. Wenn sie so handeln, zeigen sie damit, dass sie keine wahren Schüler des Buddha sind. Den Buddha findet man dort, wo die Wesen leiden.«

Diese Schule der Jugend für den Sozialdienst, die er zusammen mit Lehrern, Studenten, Mönchen und Nonnen gegründet hatte, war so erfolgreich, dass sie gegen Ende des Krieges mehr als zehntausend Freiwillige zählte, die auf die Dörfer verteilt wurden. Aber leider machte das kommunistische Regime der Sache ein Ende, wie es auch die Arbeit des Verlages »Boi Press« unterband, dessen Gründer, Motor und Autor Thich Nhat Hanh in einer Person war.

In dieser schweren Zeit kämpfte er wirklich an allen Fronten. Wenn eine Überschwemmung ein Tal verwüstet hatte, eilte er mit vielen Freiwilligen dorthin und arbeitete, bis zu den Knien im Schlamm, um zu retten, was noch zu retten war.

Als die Boatpeople aus Vietnam zu flüchten begannen, überall zurückgewiesen und zur Beute von Piraten wurden, organisierte er Rettungsmannschaften, mietete sogar drei Schiffe und fuhr zusammen mit Schwester Chan Khong Patrouille, um die Schiffbrüchigen einzusammeln und für sie ein Asyl zu finden. Er kämpfte mit der Gleichgültigkeit und mit der Polizei, die die Menschen, die sich schon gerettet glaubten, wieder ins Meer warfen, damit sie dort ertranken. Es passierte ihm, dass er aus Singapur ausgewiesen wurde, als er hunderte von Flüchtlingen auf seinen drei Schiffen hatte und nicht mehr wusste, wohin. »Wir wurden gejagt wie Wild«, schreibt er. Aber trotz aller Schwierigkeiten gelang es ihm, dank seiner Willenskraft die Weltöffentlichkeit zu alarmieren und tausende von verzweifelten Vietnamesen zu retten.

Obwohl er Vietnam nicht mehr betreten darf, findet er, als der Krieg beendet ist, ohne Aufsehen zu erregen, Wege, um Geld zu sammeln, damit die halb verhungerten Kinder zu essen bekommen, und er hilft den Waisen ebenso wie den in den Gefängnissen vergessenen Künstlern.

»Der Krieg hat tausende von Kindern zu Waisen gemacht«, schreibt er in *Changer l'avenir pour une vie harmonieuse*. »Statt Geld für den Bau von Waisenhäusern zu sammeln, haben wir Menschen im Westen gesucht, die Patenschaften für die Kinder übernahmen. Wir haben in den Dörfern Familien gefunden, die bereit waren, sich um eine Waise zu kümmern, und dann haben wir ihnen sechs Dollar im Monat geschickt, um dieses Kind zu ernähren und in die Schule zu schicken. Immer, wenn es möglich war, haben wir versucht, die Kinder in der Familie, bei einer Tante, einem Onkel oder den Großeltern unterzubringen. Mit diesen sechs Dollar konnte das Patenkind ernährt werden, zur Schule gehen und auch noch andere Kinder unterstützen. Die Kinder hatten den Vorteil, in der Familie groß zu werden. In einem Waisenhaus aufzuwachsen ist so, als wäre man in der Armee. Indem wir nach Mitteln und Wegen gesucht haben, Freigebigkeit zu praktizieren, konnten wir die Dinge verbessern.«

Für ihn waren nicht nur die Opfer bedauernswert. Auch die Henker waren es.

Bei einer seiner Reisen in die Vereinigten Staaten hatte er Gelegenheit, amerikanische Vietnamveteranen zu treffen, und mittlerweile organisiert er für sie Retreats. Es gibt viele, die nie vergessen können, welche Grausamkeiten sie begingen, aber auch erleiden mussten. Niemals wird er jenen einfachen Soldaten vergessen, der innerhalb eines Tages vierhundertzehn Männer seiner Einheit verlor und bis heute von diesem Erlebnis nicht loskommt. Ein anderer erzählte ihm, dass seine Männer und er Päckchen mit verminten Kuchen ausgelegt hatten, um nach einem verlustreichen Gefecht Rache an den Dorfbewohnern zu nehmen. Die Kinder, die sie aufhoben, wurden in Stücke gerissen, und dieser Mensch kann die Bilder nicht mehr aus seinem Geist verbannen. Andere Veteranen haben die Fähigkeit verloren, mit anderen Menschen zu kommunizieren oder sich normal zu ernähren.

Diese Soldaten, die durch die Taten, zu denen sie der Krieg getrieben hatte, traumatisiert waren, haben bei ihm den Frieden gefunden, der sie so viele Jahre geflohen hatte. Sie haben begriffen, dass die Henker selbst Opfer eines Systems und einer Verkettung von Umständen sind. Durch ihn haben sie entdeckt, dass ihnen Verständnis und Vergebung zuteil werden kann. Einfach, indem sie lernen, sich ihrer selbst bewusst zu bleiben, zu lächeln, wieder Kontakt mit der Erde aufzunehmen, schweigend zu essen, die Blumen und die Weite des blauen Himmels zu betrachten.

»Jedes Lager ist unser Lager. Es gibt kein Lager des Bösen. Die Veteranen sind durch ihre Erfahrung die Flamme der

Kerze, die die Wurzeln des Krieges und den Weg zum Frieden erhellt.«

Um den Buddhismus von Thich Nhat Hanh verstehen zu können, war es notwendig, über sein Handeln innerhalb der Gesellschaft mit all ihren Problemen zu reden. Denn in seinen Augen kann richtiges Handeln nur aus der Tiefe des Bewusstseins erwachsen, aus der Meditation, im Sitzen oder Gehen, und durch das Bewusstsein der eigenen Existenz.

2

DIE LEHRE DES PIPPALA-BLATTS

Sechs Uhr morgens. Im Halbdunkel eines frostigen Frühlingsmorgens bewegen sich mit frappierender Langsamkeit Schatten. Männer und Frauen, gruppiert nach dem Kloster, zu dem sie gehören, einige im Mönchs- oder Nonnengewand. Alle gehen zum Meditationssaal.

Es ist der erste Morgen des französischsprachigen Retreats, der die ganze Karwoche andauern wird.

Dieser Retreat könnte vielleicht den Eindruck rigider Strenge erwecken, aber dem ist nicht so. Sicher, alle Teilnehmer müssen um halb sechs aufstehen, was eine kleine Konzession an die menschliche Schwäche bedeutet, denn außerhalb der Retreatzeiten erheben sich die Mönche und Nonnen um fünf Uhr früh.

Der Tag beginnt mit einer Sitzmeditation im *zendo*, dem Meditationssaal, auf die eine Meditation im Gehen folgt, ebenfalls im *zendo*. »Mit einem Schritt atme ich ein, mit einem Schritt atme ich aus.« Alle gehen mit äußerster Langsamkeit um den Saal herum bis zu dem Moment, in dem sie wieder ihren Platz erreichen.

Der weitere Tagesverlauf ist durch die Mahlzeiten gegliedert, die schweigend eingenommen werden, durch die Rezitation von Sutras, durch eine Unterweisung von Thay, eine Meditation im Gehen und eine weitere Sitzmeditation gegen fünf Uhr nachmittags.

Was die Teilnehmer des Retreats am meisten beeindruckt – wir haben dazu viele Aussagen –, ist die Atmosphäre des

Friedens, der Sanftheit, der Liebe und der Konzentration, die den ganzen Tageslauf durchdringt. Anfangs fühlen wir uns fast verwirrt, so sehr sind wir gezwungen, Angewohnheiten abzulegen, die aus der Spannung und Unruhe, in der wir normalerweise leben, entstehen und die wir manchmal gar nicht bemerken. Hier verläuft das Leben in Ruhe und Frieden. Man hat den Eindruck, in einem anderen Klima zu leben, und je länger man dabei ist, desto fühlbarer wird es.

In dieser Umgebung haben wir das Gefühl, dass die Unterweisung bis in unser Innerstes dringt. Es ist im Grunde nicht so wichtig, worüber man meditiert, wesentlich ist, für die einfache Anschauung empfänglich zu werden und dann den Prozess einer immer lebendigeren Erkenntnis in sich ablaufen zu lassen. Man kann als Ausgangspunkt für die Meditation ein Stück Holz, eine Muschel, einen Baum, einen Fluss oder den Blick eines Kindes wählen …

Das berühmteste Beispiel ist sicher die »Meditation über das Pippala-Blatt«, ein Blatt von dem Baum, unter dem der Buddha die Erleuchtung erlangte.

Warum sollte man mit dieser Meditation beginnen?

Weil sie einen wesentlichen Zugang zur Lehre des Buddha zu eröffnen scheint und uns im Village des Pruniers viele Schüler versichert haben, dass es diese Meditation war, die sie zum Buddhismus geführt hat.

Weil es eine Unterweisung ist, die direkt vom Buddha stammt und, kommentiert und erhellt von Thich Nhat Hanh, von außerordentlicher Klarheit ist.

In seinem Buch *Siddhartha* erzählt Thich Nhat Hanh, auf welche Weise sich diese Meditation beim Buddha vollzog:

»Er lächelte und sah hinauf zu einem Pippala-Blatt, das sich gegen den blauen Himmel abhob und sich im Wind hin und her bewegte, als wolle es ihm ein Zeichen geben. Als er das

Blatt eingehend betrachtete, sah er darin die Gegenwart der Sonne und der Wolken – ohne Sonne, ohne Licht und Wärme könnte dieses Blatt nicht existieren. Dieses ist, weil jenes ist, jenes ist, weil dieses ist. Auch die Gegenwart der Wolken erkannte er in dem Blatt – ohne Wolken gäbe es keinen Regen, und ohne Regen könnte das Blatt nicht sein. Er sah die Erde, die Zeit, den Raum und den Geist – alles war in diesem Blatt gegenwärtig. Seine Existenz war ein großes Wunder.«

Das also ist einer der Ausgangspunkte aller buddhistischen Lehren: ein einfaches Blatt.

Diese Meditation geht noch tiefer:

»Normalerweise denken wir, dass ein Blatt im Frühling entsteht, doch Gautama wurde gewahr, dass es schon seit ewigen Zeiten da war – im Sonnenlicht, in den Wolken, in dem Baum und in ihm selbst. Da er sah, dass das Blatt niemals geboren worden war, erkannte er, dass auch er niemals zur Welt gekommen war. Das Blatt – wie er selbst – hatte sich nur zu einem bestimmten Zeitpunkt in einer bestimmten Form manifestiert. Sie waren niemals geboren worden, noch würden sie jemals sterben. Durch diese Einsicht lösten sich die Vorstellungen von Geburt und Tod, von Entstehen und Vergehen auf, und die wahre Natur des Blattes und seine eigene wahre Natur enthüllten sich. Er konnte erkennen, dass die Existenz einer einzelnen Erscheinung das Dasein aller anderen Erscheinungen bewirkte. Ein Phänomen umfasste alle, und alle waren in einem enthalten ...

Das Blatt und sein Körper waren eins. Keins von beiden besaß ein abgetrenntes, eigenständiges Selbst, und beide konnten nicht unabhängig vom Rest des Universums existieren. Indem er die wechselseitige Abhängigkeit aller Erscheinungen als ihre Natur erkannte, sah Siddhartha auch die Leere der Erscheinungen als ihre wahre Natur – alle Dinge sind leer von einem eigenständigen und vereinzelten Selbst. Und er erkannte, dass der Schlüssel zur Befreiung in diesen beiden Prinzipien lag – in der wechselseitigen Abhängigkeit und im Nicht-Selbst aller Dinge.«

Damit ist schon alles gesagt. Die tausende von Büchern, die über den Buddhismus geschrieben, und die Unterweisungen, die von tausenden von Lehrmeistern seit 2600 Jahren gegeben worden sind, all diese Exegesen sind nur Variationen über ein einziges Thema: die wechselseitige Abhängigkeit aller Dinge und das Nicht-Selbst. Unendliche Variationen, die im Laufe der Zeit immer vielschichtiger wurden und alle Phänomene des Daseins umfassen.

Denn es ist wahr, dass in einer Blume alles gegenwärtig ist – Sonne, Wolken, Erde und Zeit. Und wenn das wahr ist, dann berühre ich, wie Thay sagt, in einer Blume auch die Sonne, ohne mir jedoch die Finger zu verbrennen. Es ist auch wahr, dass der Kompost, in den sie sich aufgelöst hat, in der Blume ist. Kompost, das heißt, aus Abfällen entstanden. In der Blume entsteht schon der Abfall, wie auch aus dem Abfall die Blume entstehen wird. Hier kommt wieder die wechselseitige Abhängigkeit zum Ausdruck, ebenso wie in uns selbst.

»Es gibt positive Geistesformationen, wie Liebe und Verstehen«, sagt Thay, »und es gibt Geistesformationen, die ihrer Natur nach negativ sind, wie Angst, Verzweiflung und Eifersucht. Wir haben beides in uns, die Blumen und den Abfall, und wer sich mit ökologischer Gartenkultur auskennt, muss keine Angst vor Abfällen und Müll haben.

Denn das Leiden, die Eifersucht, die Angst in uns, das sind Abfälle. Wir müssen auf sie Acht geben und sie nicht einfach wegwerfen. Denn all das ist absolut notwendig, um Blumen wie das Mitgefühl, die Freude und das Glück heranzuziehen.

Es ist diese nicht-duale Sicht der Dinge, der wir nahe kommen müssen. Sie ist die Grundlage unserer Praxis. Wenn wir das nicht erreichen, werden wir weiter leiden. Wir glauben dann weiterhin, dass Glück nicht möglich ist, wenn wir es nicht schaffen, diese negativen Dinge zu tilgen.

Akzeptieren ist sehr wichtig, das Wesentliche dabei ist, die Kunst der Verwandlung zu erlernen. Mit diesem Wissen kann man Negatives in Positives verwandeln. Und auch die positiven Dinge müssen zu negativen Dingen werden. Die Blumen müssen zu Kompost werden.

Jemand, der im Meditieren fortgeschritten ist, kann in der Blume bereits den Kompost sehen. Menschen aber, die nicht wissen, wie man meditiert, müssen Jahrzehnte warten, um zu sehen, wie in einer Blume schon der Kompost reift. Jemand, der meditiert, hat den Vorteil, dass er nicht warten muss. Er kann sofort den Kompost in der Blume sehen, ganz unmittelbar.

Was ich euch hier vorschlage, hat große Bedeutung, und ich praktiziere es selbst immer wieder. Wenn etwas in eurem Körper oder in eurem Geist vor sich geht, das euch leiden lässt, müsst ihr nicht versuchen, es schnellstens zu verdrängen. Erst einmal müssen wir Energie aus der Vollkommenen Achtsamkeit schöpfen, und dann können wir diese Dinge erkennen, annehmen und ihnen zulächeln.

›Ich weiß, dass du da bist, mein Liebes. Ich werde mich um dich kümmern, und ich weiß auch, wie.‹ Das ist eine wunderbare Methode. Man muss sich seiner negativen Geisteszustände ebenso annehmen wie seiner körperlichen Leiden.

Denn Leiden gehört auch dazu. So wie der Tod dazugehört, damit Leben entsteht. In dieser Betrachtungsweise müssen wir uns immerzu üben. Wenn wir eine Wolke, eine Blume oder einen geliebten Menschen betrachten, muss unser Blick in die Tiefe gehen, um diese nicht-duale Natur in allem zu erkennen.

In diesem Moment seht ihr mit den Augen des Buddha. Und ihr könnt das immer tun. Er ist in euch immer erreichbar. Der Buddha ist auf euch übertragen worden. Er ist schon in euch. Eure Beine sind zu Beinen des Buddha geworden. Das heißt, ihr habt die Fähigkeit, mit Sanftheit, Mitgefühl und Freude über die Erde zu gehen. Und wenn ihr so geht, dann geht ihr mit den Beinen des Buddha. Das ist möglich. Ihr könnt lernen, so zu gehen ...«

Als Thich Nhat Hanh an diesem Morgen seine Rede im großen *zendo* des »Neuen Weilers« beendet hat, herrscht tiefes Schweigen. Als wüchse gerade eine große Hoffnung. Er wird nicht müde, zu wiederholen, dass Glück möglich ist. »Nicht erst in zehn Jahren, in einem Jahr oder in sechs Monaten, sondern hier und jetzt. Es geht nicht um Abstraktionen, um Ideen, die man hin- und herwälzt, es geht um Übung in der Praxis.« »Praxis« – ein Wort, das in Pruniers allgegenwärtig ist. Denn es geht wirklich um Praxis. Um eine einfache, aber beständige Praxis. Eine Praxis, die einem immer offen steht und auf die man auch dann zurückkommen kann, wenn man sie eine Zeit lang vergessen hat.

Die Mystiker aller religiösen Traditionen weisen immer wieder darauf hin, dass das höchste Ideal, das Ziel eines spirituellen Lebens, darin besteht, ununterbrochen in der Gegenwart zu leben. Das ist wahr. Es gibt keinen anderen Weg. Aber wenn das missverstanden wird, kann dieser Weg zu Schuldgefühlen führen. Wir würden gern in ununterbrochener Präsenz leben, merken jedoch, dass wir das nicht schaffen, und manchmal verzweifeln wir daran. Dann sagen wir uns, dass wir unfähig sind, Fortschritte zu machen, dass unser

Geist immer wieder umherschweift und beim geringsten Anlass seine eigenen Wege geht.

Die Unterweisungen von Thich Nhat Hanh können uns von diesen Schuldgefühlen befreien. So scheint es uns jedenfalls, wenn wir an die Gespräche denken, die wir mit den Mönchen und Nonnen von Village des Pruniers geführt haben. Es stimmt, dass unser Geist die Neigung hat, umherzuschweifen, aber es stimmt auch, dass wir in jedem Moment zur Vollkommenen Achtsamkeit zurückkehren können. Ohne Schuldgefühle und ohne uns unsere Zerstreutheit vorzuwerfen. Einfach zurückkehren. Und wir werden sehen, dass Thay uns dafür Mittel an die Hand gibt, die äußerst praktisch und zugleich erstaunlich einfach sind.

Kommen wir zum Schluss auf die Blume, denn sie hat uns noch eine große Erkenntnis zu vermitteln, die von der Leere nämlich – als logische Folge all dessen, was wir gerade gesagt haben. Zunächst sollten wir uns über das Wort »Leere« verständigen.

Alle großen Weisen des Buddhismus haben von der Leere gesprochen. Im 2. Jahrhundert unserer Zeitrechnung hat der Mönch Narashina gesagt: »Die Leere macht die Entwicklung aller Phänomene möglich.« Und der berühmte Bodhisattva Avalokiteshvara erklärt: »Jedes Ding ist leer.« Das veranlasst Thich Nhat Hanh heute, ihm die Frage zu stellen: »Leer wovon, Herr Avalokiteshvara?« In einer seiner Lektionen sagt er: »Leer sein bedeutet immer, leer von etwas zu sein. Ein Glas kann leer von Tee sein, aber es enthält immer noch Luft und Raum. Leer sein bedeutet also leer von etwas zu sein.«

Kommen wir noch einmal auf die Blume zurück, weil sie unser Ausgangspunkt war. Sie hat Substanz, ist keine leere Hülle, aber trotzdem ist sie leer von etwas, leer von einer isolierten Existenz. Sie kann nicht durch sich allein vorhanden sein. In ihrem Sein ist sie notwendigerweise mit dem ganzen Kosmos verbunden – Thay hat dafür den Begriff des »Interseins« geprägt. Das bedeutet, dass der Kosmos in ihr enthalten ist – sie ist also leer von einem vereinzelten Selbst, einem eigenen Ich.

Der Buddha hat dem Begriff der Leere große Bedeutung beigemessen, aber er hat seine Schüler aufgefordert, nicht zu Gefangenen dieses Begriffs zu werden und daraus nichts Absolutes zu machen. Man sollte ihn als eine wertvolle Hilfe ansehen, ohne ihn jedoch zu verabsolutieren. Als wertvolle Hilfe, um das Problem von Leben und Tod, das uns so sehr bewegt, besser zu verstehen.

Betrachten wir noch einmal die Blume. Sie ist nicht aus dem Nichts entstanden, denn aus dem Nichts kann nichts entstehen. Sie ist das Ergebnis einer Reihe von Transformationen, von Manifestationen, die in Urzeiten zurückreichen. Man hat den Eindruck, dass sie an dem Tag geboren wird, an dem sich ihre Knospe öffnet und entfaltet. Aber das ist nicht wahr. Die Blume war schon immer da. Im Samen, der in einer anderen Blume entstanden ist, im Wind, der ihn davongetragen hat, in der Erde und dem Wasser, die nötig waren, damit sie emporsprießen konnte. Man kann also tatsächlich sagen, dass die Blume keine Schöpfung ist. Sie manifestiert sich dann, wenn alle Bedingungen für ihre Manifestation vorhanden sind.

An den Mauern von Village des Pruniers sieht man oft ein Plakat, auf dem zu lesen ist: »Ihr seid keine Schöpfung, ihr seid eine Manifestation.« Diese Wahrheit gilt für die Blume und alle anderen Manifestationen, natürlich auch für den Menschen. Wir werden geboren, wenn alle Bedingungen zusammenkommen, die nötig sind, damit diese Geburt stattfinden kann. Und zu diesen Bedingungen gehört auch der Tod, ohne den diese neue Manifestation, die ein menschliches Wesen ist, nicht in Erscheinung treten könnte.

Auf dieses wichtige Thema werden wir noch ausführlicher zurückkommen. Für den Moment halten wir fest, in welchem Maße es unsere Vorstellung von uns selbst und dem gesamten Kosmos verändert.

In dem Moment, in dem ich aufhöre, mich als ein isoliertes Ich zu betrachten, in dem ich weiß, dass ich mit allen Energien des Kosmos eins bin, sehe ich meine Umwelt mit anderen Augen. Ich bin eins mit diesem Insekt, das gerade über meinen Schreibtisch läuft. Ich kann es nicht mehr einfach mit der Faust zerquetschen, so, als ob es völlig unwichtig wäre. Ich bin eins mit ihm, und auch mit dem Wind, den Pflanzen, dem Ozean, den Steinen. Um Thays Begriff des »Interseins« aufzugreifen: Ich beschränke mich nicht darauf, da zu sein, ich bin mit allem Sein verbunden. Ich kann mich nicht mehr als getrennt von den Männern und Frauen um mich herum empfinden. Und diese Entdeckung, dieses Verstehen der Seinsverbundenheit, des Interseins, führt mit zunehmender Praxis zum wahren Verstehen und zur wahren Liebe.

»Verstehen«, sagt Thay, »hat Mitgefühl und Liebe zur Folge, die wiederum zum Rechten Handeln führen. Um zu lieben, muss man zuerst verstehen.«

3

WIE EIN TIGER IM FLACHLAND

Village des Pruniers, morgens um halb acht. Die Meditation ist gerade zu Ende.

An diesem ersten Morgen des französischsprachigen Retreats braucht man nur in die Gesichter der Teilnehmer zu sehen, um zu begreifen, dass sie gerade eine sehr schöne Erfahrung gemacht haben. Eingetaucht in eine Atmosphäre der Stille, Liebe und Verehrung. Heute und während der nächsten Tage leben sie ein wenig das Leben, das die hundertzwölf Mönche und Nonnen führen, die in die drei Weiler von Village des Pruniers zurückgekehrt sind.

Die meisten sind jung. Viele Vietnamesen und Vietnamesinnen sind dabei, aber auch Holländer, Deutsche, Kanadier und seit kurzem auch Franzosen. Nach dem zu urteilen, was äußerlich sichtbar wird, sind es Menschen, die sich kein leichtes Leben ausgesucht haben.

Gewiss, der Buddha hat auf dem spirituellen Weg nie rigorose Strenge an die erste Stelle gesetzt. Von Beginn seiner Predigten an, in der berühmten Rede von Benares, hat er verkündet:

»Ihr Mönche, zwei Extreme gibt es, die ein Mönch vermeiden soll. Welche zwei sind das?

Zum einen soll er sich nicht sinnlichem Verlangen und dem daraus resultierenden sinnlichen Vergnügen hingeben, denn das ist eine niedrige, beschränkte, oberflächliche, unedle und unzuträgliche Lebensweise. Zum anderen soll er sich nicht der Selbstkasteiung hingeben, denn das ist eine schmerzhafte, unedle und gleichfalls unzuträgliche Lebensweise. Diese beiden Extreme hat der Tathagata (Vollendete) vermieden, denn er hat erkannt, dass es der Mittlere Weg ist, der zu Einsicht und Verstehen führt. Diese Einsicht und dieses Verstehen sind die Grundlagen für Frieden, Wissen, vollkommenes Erwachen und Nirvana.« *(Das Herz von Buddhas Lehre)*

Diesen Weg der Mitte hat Thich Nhat Hanh in seinem Kommentar zum Sutra über die Meisterung der Schlange folgendermaßen erläutert:

»Wir müssen unterscheiden zwischen der Willfährigkeit gegenüber dem Vergnügen und der erhabenen Erfahrung der Freude und des Glücks. Wenn wir dem Vergnügen zu sehr nachgeben, so erweist sich das als schädlich, wohingegen die Erfahrung der Freude und des Glücks unser körperliches und geistiges Wohlergehen begründet und unseren Weg auf den Pfad der Praxis lenkt.«

Die Mönche und Nonnen von Pruniers müssen sich also nicht auf die erschreckende Art und Weise kasteien, in der dies die großen Asketen in der christlichen Tradition getan haben. Das ändert aber nichts daran, dass sie, um Freude und Glück zu erfahren, ein Leben führen, das vielen der Teilnehmer, die gerade aus einem bequemen Leben hierhergekommen sind, ziemlich asketisch vorkommt.

Der rasierte Schädel vermittelt, wie wir gesehen haben, ein sehr eindringliches Bild der Enteignung der Person, und es stimmt, dass sie keine Besitztümer haben, nur einige wenige persönliche Dinge und die Kleidung, die sie auf dem Leib tragen. Sie schlafen in Gemeinschaftsräumen, nehmen schweigend und maßvoll ausschließlich vegetarische Mahlzeiten zu sich und widmen sich stundenlang dem, was sie »Meditation der Arbeit« nennen, immer unter Schweigen. Sie haben wenig Erholung, kaum Vergnügungen, es gibt keine Theateraufführrungen, kein Fernsehen, keine Musik und selbstverständlich kein Sexualleben.

Das Leben, das sie führen, ist also voller Entbehrungen. Was dabei so verblüfft, sind ihre entspannten Gesichter und ihr Lächeln.

Wir wollten mehr darüber wissen und baten um die Erlaubnis, uns mit einigen jungen Vietnamesinnen treffen zu dürfen. Sie waren bereit zu sprechen, aber nur unter der Bedingung, dass ihre Namen, sogar ihre Vornamen, nicht genannt würden. Deshalb werden wir sie Schwester X, Schwester Y und Schwester Z nennen.

Bei allen dreien war die Ausgangsbasis die gleiche. Das war erstaunlich, und bei allen, die wir anschließend trafen, Männern wie Frauen, ergab sich ein ähnliches Bild. Alle empfanden ein tiefes Ungenügen an dem Leben, das ihnen die Konsumgesellschaft geboten hatte.

Hören wir Schwester X, eine junge Vietnamesin, die sehr nachdenklich wirkt und die zum Schutz vor der Kälte über ihrem rasierten Schädel eine Wollmütze trägt:

»Ich schaute mich um, und mir wurde bewusst, dass die meisten Mitglieder meiner Familie sehr gut verdienten. Meine Eltern waren Ärzte, und sie hatten einen hohen Verbrauch an Konsumgütern, wie es in Kanada, wo wir lebten, üblich war. Ich sah, wie sie lebten, und hatte dabei das Gefühl von etwas Irrealem. Das war schon seltsam: Morgens standen sie auf, gingen zur Arbeit, machten ihre Einkäufe im Supermarkt, kamen nach Hause, sahen fern, gingen zu Bett, und am nächsten Tag taten sie wieder das Gleiche. Langsam wurden sie älter, ihr Leben blieb immer gleich, und ich fragte mich, wie sie so weitermachen konnten.

Um mich herum sah ich Menschen, die scheinbar nicht nachdachten, die sich, so, wie es aussah, keine Fragen stellten.

Sie sagten: ›Unsere Eltern haben uns in die Welt gesetzt, und da sind wir nun.‹ Weiter reichte es nicht, und ich hatte doch das Bedürfnis zu verstehen, warum.«

Hören wir Schwester Y:

»Ich bin in den USA geboren und hatte ein bequemes Leben. Ich sah mich um und merkte, dass kaum einer glücklich war. Wenn ich meiner Familie glaubte, war mein Weg schon vorgezeichnet – ich sollte einen guten Studienabschluss machen, um eine gute Stellung zu finden, eine Familie gründen – also das Leben fortsetzen, das meine Eltern führten, in dem Bewusstsein, dass meine Kinder das Gleiche tun würden. Ich wollte über diese Struktur, in der ich gefangen war, hinausblicken.«

Schwester Z:

»Ich komme aus einer Familie von Sammlern. Meine Eltern hörten nicht auf, Dinge anzusammeln, und ich hatte das Gefühl, dass das nicht richtig war. In unseren Räumen herrschte ein ständiges Durcheinander, und es gab viele Sachen, die wir nicht einmal benutzten. Meine Familie zog oft um, und jedes Mal war es schrecklich, weil wir alles einpacken mussten und dabei immer Angst hatten, etwas zu vergessen. Und immerzu wurde gekauft und gekauft.

Natürlich gab es unter all den Sachen auch Brauchbares, aber das meiste war unnütz. Und wenn man die Sachen einmal hatte, dann mussten sie auch verwahrt werden. Im Haus meines Vaters schalteten wir jedes Mal, wenn wir weggingen, das Sicherheitssystem ein. Hier fühle ich mich vollkommen in Sicherheit, und ich schließe meine Tür nie ab. Früher hatte ich immer Angst, aber hier kann ich das Haus verlassen, selbst mitten in der Nacht, und fürchte mich nicht im Geringsten.

Der Dachboden und der Keller waren voll mit Sachen, Papieren und Büchern, und ich war jedes Mal deprimiert, wenn ich dorthin ging. Ich hatte das Bedürfnis nach Raum, ich wollte frei sein.

Für mich war der Konsum eine Art von Gefängnis. Ein Gefängnis, in das meine Familie, wie viele andere auch, eingesperrt war. Wenn sich das Leben größtenteils um das Fernsehen dreht, ist es schwer, nicht dauernd etwas zu kaufen. Ich wollte heraus aus dieser Struktur, aber ich wusste nicht, wie.«

Das sind also drei junge Frauen, die aus wohlhabenden Familien kommen und in so reichen Ländern wie den USA oder Kanada gelebt haben. Alle drei haben das Gleiche bemerkt: Die Menschen um sie herum waren nicht glücklich, auch wenn sie reich und mit Gütern eingedeckt waren. Ihre Suche begann mit dieser Feststellung.

»Meine Familie war buddhistisch«, fährt Schwester X fort, »ich ging immer mit meiner Großmutter in den Tempel, aber ich fand dort keine Antworten auf die Fragen, die in mir aufkamen.

Ich lebte damals in der Nähe von Montreal, und Thay kam dorthin, um einen Vortrag zu halten. Ich wusste nicht, wer er war, und hörte ihm unvoreingenommen zu. Ich habe gleich gemerkt, dass er ein einfacher Mensch ist. Er sprach von Dingen, die den Alltag der Menschen betrafen. Ich bin dann in die Berge gefahren, wo er einen Retreat leitete, und habe gelernt, mit Achtsamkeit zu gehen, zu essen und das Geschirr abzuwaschen. Es war so einfach. Mir wurde bewusst, dass ich neunundzwanzig Jahre lang nicht wirklich gelebt hatte. Also stellte sich mir die Frage: Wollte ich weiter nervös herumrennen und konsumieren oder einfach mein Leben im gegenwärtigen Moment leben?

In meinem Inneren veränderte sich alles. Ich konnte eine echte Beziehung zu meinen Eltern entwickeln, ich ging an die

Universität, blieb dort drei Jahre, wurde Ingenieurin, bekam meine erste Stellung und ein gutes Gehalt, konnte mein Geld nach Belieben ausgeben, aber all das brachte keine wahre Befriedigung.

Ich kam hierher mit der Absicht, zwei Wochen zu bleiben, und daraus wurden dann sechs Monate. 1994 wurde ich ordiniert. Ich sehe meine Schwächen, ich weiß, dass ich noch wacklig bin wie ein kleiner Kieselstein, den man aus Versehen anstößt, aber ich übe und lerne, mich anzunehmen, so wie ich bin. Ich bin glücklich, weil ich endlich ich selbst sein kann.«

Wie Schwester X waren auch Schwester Y und Schwester Z fasziniert, als sie Thich Nhat Hanh trafen. Fasziniert von der Einfachheit und Klarheit und von der praktischen Seite seiner Lehre.

Wenn man Schwester Z, die noch so jung ist, fragt, ob es sie nicht schreckt, ihr ganzes Leben in einem Kloster verbringen zu müssen, ruft sie aus: »Nein, das schreckt mich überhaupt nicht. Ich habe das Gefühl, dass mein Leben gar nicht lang genug sein kann, um zu praktizieren. Es gibt so vieles in mir, das transformiert werden muss.«

Nach diesen drei Vietnamesinnen, die alle Voraussetzungen hatten, sich im Buddhismus heimisch zu fühlen, war es interessant, mit Franzosen zu sprechen. Carole, dreiundzwanzig, wurde in Allier in einer streng katholischen Familie geboren. Im Philosophieunterricht sollte sie einen Aufsatz schreiben, und ohne recht zu wissen, warum, wählte sie das Thema Buddhismus. Das brachte sie dazu, *La force de l'amour (Aus Liebe zu allen Wesen)* von Schwester Chan Khong zu lesen und etwas später nach Pruniers zu gehen. »Mich hat vor allem tief beeindruckt, dass diese Gemeinschaft, die mich gar nicht kannte, mich aufnahm, mir zulächelte und mich bewirtete. Ich spürte eine bedingungslose Liebe, und das war es, was ich brauchte.

Im nächsten Sommer kam ich wieder und kümmerte mich während eines Retreats um die Kinder, danach war ich drei Jahre nicht da. Als ich schließlich wiederkam, gedachte ich, zwei Wochen zu bleiben, und nun bin ich immer noch da. Ich habe gefühlt, dass dies mein Weg ist und dass ich nicht anders kann, als zu bleiben. Ich sagte mir: Du musst hierbleiben, um dich zu formen.

Ich war jemand, der aus lauter inneren Konflikten bestand, und ich begriff, dass ich, wenn ich Frieden mit mir selbst schließen könnte, ein bisschen für den Frieden in der Welt wirkte. So einfach ist das, und es lohnt sich, dafür auf alles Übrige zu verzichten.«

Der Weg von Patricia, zweiundvierzig, war mühsamer. Sie wirkt noch immer wie ein großes Mädchen, hat ein überschäumendes Temperament, lacht gern und ist immer in Bewegung. Man hat das Gefühl, dass sie in ihrem früheren Leben eine Stimmungskanone gewesen sein muss, aber tief in ihrem Innern vernahm sie einen Ruf, den sie nicht verstand. Mit zwanzig Jahren entdeckte sie die Strenge des spirituellen Lebens, als sie Krishnamurti las. »Er begleitet mich noch immer, zwanzig Jahre danach«, sagt sie, »denn er hat mich als Erster aus meinem Dämmerschlaf geweckt. Ich liebe ihn, weil er schonungslos ist, er schenkt einem nichts. Ich liebte die Poesie über alles, aber diese Dimension fehlte mir in meinem Familienleben. Dort wurde nur von der Arbeit, der Organisation des Alltags gesprochen und dass es nötig sei, viel zu verdienen, um unabhängig zu sein.«

Sie macht ihr Abitur, studiert Elektrotechnik und wird Elektrikerin an einem Pariser Theater, dann beim SFP. Von da aus ist es nur ein Schritt, um hinter der Kamera zu landen. Jetzt ist sie Kamerafrau, aber das hindert sie nicht, ein immer größer werdendes Bedürfnis nach dem Absoluten in sich zu spüren.

Und da sie keine halben Sachen macht, geht sie für einen Monat in ein tibetisches Kloster und macht dort einen Retreat, bei dem es zu den Regeln gehört, acht bis neun Stunden am Tag Sitzmeditation zu üben.

Als sie ihre Arbeit wieder aufnimmt, ist sie verändert. Sie, die ihren Vorgesetzten gegenüber immer etwas gehemmt war, fühlt sich jetzt selbstsicher, und da sie Exotik braucht, geht sie nach Guayana und arbeitet dort beim Fernsehen. Sie kommt zurück, macht in einem Vipassana-Zentrum einen sechsmonatigen Retreat, entdeckt Village des Pruniers, hat aber damals noch nicht die Vorstellung, dort ihr Leben zu verbringen. Schließlich kündigt sie, unterzieht sich einer Psychoanalyse und setzt dabei regelmäßig die Sitzmeditation fort.

Sie sucht und erkundet die Wege, die ihr geboten werden. Dann denkt sie wieder an Pruniers, an den Sanftmut der Gemeinschaft, an die Poesie von Thays Unterweisungen. Sie beschließt, für ein Jahr dorthin zu gehen, ist aber überzeugt davon, dass sie nach diesem langen Retreat wieder in die Welt zurückkehren wird.

»Dieses Jahr war nicht leicht, denn ich hatte zwanzig Jahre lang frei und unabhängig gelebt. Am meisten stoße ich mich an dem, was man hier die ›raffinierten Methoden‹ nennt. Ich gestehe, dass ich zu den etwas schwierigen Schülern von Thay gehöre. Ich habe Probleme damit, das zu machen, was anderen leicht fällt, sicherlich weil mich das Ritual nicht so sehr interessiert. Als Buddhistin bin ich etwas atypisch, aber wenn ich mich beobachte, merke ich, dass ich mich sehr geändert habe, und das macht mir Mut.

Ich, die ich so individualistisch bin, entdecke nach und nach die Vorteile der Gemeinschaft, die wir Sangha nennen. Er beeinflusst mich, formt mich und gibt mir die Geduld, zu warten, dass die Dinge in mir wirken.

Man muss sich wirklich bei seinem Leben beobachten, allem auf den Grund gehen. Das bedeutet, gegenwärtig zu sein bei allem, was in einem vorgeht.

Und ich kann es nicht oft genug wiederholen, der Sangha spielt dabei eine enorme Rolle. Ohne ihn würde sich nichts entwickeln.«

Der Sangha ... Dieses Wort tauchte immer wieder bei all unseren Gesprächen auf. Wenn man so will, ist das eine weitere Gemeinsamkeit mit dem christlichen Mönchstum, für das die Gemeinschaft so wesentlich ist. In seinen Unterweisungen und bei den Retreats kommt Thich Nhat Hanh immer wieder darauf zurück. Zusammen mit dem Buddha und dem Dharma (der Lehre) ist der Sangha eine der drei Kostbarkeiten, zu der jeder Buddhist Zuflucht nehmen muss, wenn er seinen Weg erfolgreich gehen will.

»In Vietnam heißt es«, erzählt Thay, »dass ein Tiger, der seine Berge verlässt und ins Flachland herunterkommt, von den Menschen getötet wird. Das gilt auch für einen praktizierenden Buddhisten. Er geht verloren, weil die Lebensumstände ihn zum Vergessen treiben. Wenn er dieser Strömung widerstehen will, muss er sich auf den Sangha stützen, der eine Bastion des Widerstands ist.«

Der Weg ist nicht leicht, wir wissen es alle. Wir haben stets die Neigung, unsere Probleme und unser Leiden zu bekämpfen, während man sie doch annehmen und liebevoll umarmen sollte. Wenn man diesen Weg alleine geht, vergisst man schließlich die Praxis, ist man aber in einer Gemeinschaft, gibt es immer einen Bruder oder eine Schwester, die helfen können, zu dieser Praxis zurückzukehren.

Der Sangha von Village des Pruniers besteht aus drei Weilern, dem oberen, der den Männern vorbehalten ist, dem unten gelegenen für die Frauen und dem neuen, der ebenfalls ein Frauenkloster ist, wo aber auch Paare beherbergt werden können, die zu einem Retreat kommen oder Pruniers besuchen wollen. Denn der Sangha ist sowohl offen für diejenigen, die nur vorbeikommen, als auch für diejenigen, die in regelmäßigen Abständen zurückkehren, um dort die Hilfe zu finden, die sie brauchen.

»In den allerschwierigsten Momenten«, betont Thich Nhat Hanh, »solltet ihr in euren ursprünglichen Sangha zurückkehren, denn er ist eure letzte Bastion.«

Während des französischsprachigen Retreats hat er diesen Punkt immer wieder hervorgehoben:

»Im täglichen Leben geht euch das Gleichgewicht manchmal verloren, ihr habt das Gefühl, zusammenzubrechen, nicht weitermachen zu können, zu schwach zu sein, euch diesen Problemen zu stellen. Wenn ihr dann einen Freund habt, der euch versteht und der genügend Festigkeit und Freiheit hat, wird er euch Beistand leisten können. Ihr müsst zu ihm gehen, euch neben ihn setzen und anfangen zu atmen. Dann werdet ihr euer Gleichgewicht wiederfinden. Natürlich könnt ihr nicht immer bei ihm bleiben, aber ihr könnt seine Präsenz nutzen, um euer Gleichgewicht zurückzuerlangen.

Mit dem Sangha ist es das Gleiche. Wenn ihr dort seid, solltet ihr euch die Energie aller zunutze machen, um euch wieder ins Gleichgewicht zu bringen und gestärkt nach Hause zurückzukehren. Ihr könnt eure eigene Energie der Achtsamkeit mit der Energie des Sangha zusammenbringen. So werdet ihr keine Angst mehr haben. Zum Sangha Zuflucht zu nehmen ist kein Glaubensbekenntnis, sondern eine Alltagspraxis. Wenn ich den Dharma lehre, muss ich auch Zuflucht zum Sangha nehmen, ich brauche den Sangha zu meiner Unterstützung. Er gibt mir viel Kraft, Unterstützung und Freude.

Ein Meister ohne Sangha ist wie ein Musiker ohne Instrument. Der Sangha ermutigt euch, eure starken Seiten zu entwickeln und so die Schwachpunkte zu transformieren. Alle gehen diesen Weg, und diese Tradition ist 2600 Jahre alt.«

Beim Sangha kann ein praktizierender Buddhist also Hilfe finden, wenn er in Schwierigkeiten ist. Aber der Sangha ist viel mehr als das. Er ist ein unglaublich mächtiges kollektives Energiezentrum. Wenn jemand alleine in seiner Ecke meditiert, ist das schon gut, aber zehn oder hundert Menschen, die meditieren, stellen eine ungeheure Energiequelle dar, so gewaltig, dass sie ihre Umgebung verwandeln können. Sie wirken wahrhaftig zum Wohl der Erde und der Menschheit und strahlen die Kraft der Vollkommenen Achtsamkeit, Verstehen, Mitgefühl und allumfassende Liebe aus.

In jedem der drei Klöster von Pruniers hängt am Eingang zum Esssaal eine Karte, auf der alle Städte verzeichnet sind, in denen es einen Sangha gibt, und dazu auch die Adressen. Thich Nhat Hanh betont immer wieder, wie wichtig es ist, einen eigenen Sangha zu gründen. »Einen Sangha aufzubauen«, sagt er, »ist die edelste Aufgabe, die man erfüllen kann.« Er empfiehlt, einen Ort zu finden, an dem sich alle praktizierenden Buddhisten einer Stadt versammeln können, oder sich reihum bei jemandem zu treffen, auf jeden Fall so oft wie möglich zusammenzukommen, um einen Tag der Achtsamkeit zu leben. Das ist viel wirkungsvoller, als wenn man es bei sich zu Hause tut, denn man hilft sich gegenseitig. In den größeren Städten könnten es auch speziellere Sanghas sein, zum Beispiel Sanghas für Ärzte oder Lehrer, um dort die Probleme, die bei den Kranken oder Schülern auftreten, zu diskutieren und sich bei ihrer Lösung gegenseitig zu unterstützen.

Auch eine Familie kann ein Sangha sein. Thay versichert, dass Kinder in der Lage sind, achtsam zu sein und Sitz- und Gehmeditation zu üben, und es stimmt, dass die Kinder, die er bei manchen Gehmeditationen an der Hand führt, einen sehr gesammelten Eindruck machen.

Überhaupt geht es nicht darum, in den Sangha zu eilen, wenn man ein Problem hat, und ihn zu vergessen, wenn alles gut läuft. Im Gegenteil, man muss in guten Zeiten üben, um es auch dann zu können, wenn alles schief geht.

»Natürlich kann man Brennholz nicht an Regentagen trocknen, man muss es trocknen, wenn die Sonne scheint. Wenn ihr atmen und lächeln könnt und das Gefühl habt, euer Leben verlaufe normal, dann ist das eine ideale Gelegenheit zu üben, um diese Energie der Vollkommenen Achtsamkeit zu erzeugen. Das sind Sonnentage. Und irgendwann beginnt es zu regnen, es taucht etwas auf, das euch leiden lässt, und dann braucht ihr Holz, um euch zu wärmen.«

Schwester Chan Khong glaubt, dass der Sangha für den Meister ebenso wichtig ist wie für die Schüler. Natürlich ist er derjenige, der ihn leitet, aber die Schüler können mit ihren Problemen und ihrer Praxis seine Lehre bereichern. Ihre Erfahrungen helfen dem Meister, anderen Schülern zu helfen.

»Wenn man in einer Gemeinschaft lebt«, sagt sie, »dann teilt man die Fortschritte aller, man arbeitet zusammen, und je reicher man dabei an Erfahrung wird, desto größer wird der Fluss, der uns zum Ozean des Göttlichen trägt, dem Ozean des Glücks, des Verstehens und der Liebe.«

Jede Gemeinschaft braucht eine Führung, und im Village des Pruniers übernimmt in jedem der drei Weiler ein Abt oder eine Äbtissin diese Funktion. Im Nonnenkloster von Loubès-

Bernac heißt die Mutter Äbtissin Gina. Wenn man mit einem Wort beschreiben sollte, welchen Eindruck diese junge Frau auf den ersten Blick macht, wäre der passendste Ausdruck »Ruhe« oder vielleicht »Ausgewogenheit«. Alles an ihr erscheint maßvoll, ihre Gesten, ihre Art, zu gehen und zu sprechen, so, als sei sie permanent von dieser Achtsamkeit erfüllt, nach der hier alle streben. Dass sie Äbtissin ist, entbindet sie nicht von der Teilnahme an der gemeinsamen Arbeit in der Küche, beim Abwasch oder im Garten. Salatpflanzen pikieren mag sie besonders, wie sie sagt, und sie kennt sich in allen Feinheiten des ökologischen Gartenbaus aus. Sie wohnt hier, reist aber auch viel. Als wir sie trafen, kam sie gerade aus Deutschland zurück, und bei unserem nächsten Besuch in Pruniers war sie in Israel, wo sie Retreats leitete. Dieses Land braucht den Frieden so sehr, dass die Gemeinschaft dort zweimal im Jahr Retreats organisiert, die zunehmend gut besucht werden und sowohl für Palästinenser als auch für Israelis gedacht sind.

Schwester Gina ist hier glücklich. Sie sagt es, und man sieht es. Man merkt auch, dass diese Frau, die so ruhig wirkt, von Leidenschaft beseelt ist. Vielleicht ist ihr Bericht darum so lebendig. Er ist es wert, hier von Anfang bis Ende wiedergegeben zu werden.

»Ich wollte schon mit sieben Jahren Nonne werden. Katholische Schwester natürlich, denn zu der Zeit kannte ich nichts anderes. Meine Mutter war Irin, mein Vater Holländer, und wir lebten in den Niederlanden. Wenn wir sonntagmorgens ins Schwimmbad gehen wollten, sagte unsere Mutter: ›Geht nur. Ich gehe für euch mit in die Kirche.‹ Sie sagte das nicht, um uns Vorwürfe zu machen oder Schuldgefühle einzuflößen. Ohne es zu wissen, lebte sie bereits das Intersein, das wir hier zu praktizieren versuchen. Sie sagte uns immer, dass wir unseren Nächsten lieben sollten wie uns selbst. Das war eine echte

Christin, die uns lieben lehrte, statt uns aufzufordern, sonntags immer in die Kirche zu gehen.

Ich wollte also Nonne werden, aber als ich zwölf wurde, begann ich mich umzuschauen und bemerkte, dass die Priester, die Mönche und Nonnen der katholischen Kirche nicht wirklich das Leben führten, nach dem ich strebte. Mein Glaube war schon damals sehr anspruchsvoll. Ich fühlte mich nie allein, weil Gott immer um mich war, vor allem bei den endlosen Spaziergängen, die ich in den Wäldern der Umgebung machte.

Eines Tages forderte uns die Lehrerin im Katechismusunterricht auf, Gott zu beschreiben, und ich sagte: ›Aber ich kann Gott nicht beschreiben! Ich müsste dann den ganzen Kosmos beschreiben, und dazu reichen meine Worte nicht aus.‹ Die Lehrerin meinte daraufhin, dass ich keine gute Katholikin sei.

Seit meiner Kindheit fühlte ich diese Präsenz. Natürlich ohne sie erklären zu können. Viele Kinder machen wohl diese Erfahrung.

Ich sah meine Mutter Yoga machen und meditieren und sagte mir: ›Im Grunde ist es das, was ich suche.‹«

Bei diesen Voraussetzungen erstaunt es nicht, dass Gina, als sie die Pubertät hinter sich gelassen hatte, sich von einem Lehrer angezogen fühlte, der gleichzeitig christliche Gebete, hinduistische Meditation mit Mantras und Zen-Meditation lehrte. Dieser Meister sagte ihr eines Tages: »In Japan gibt es Meister, die bei ihrer Meditation nicht einmal mehr denken.«

»Die nicht einmal mehr denken ...« Dieser Satz wurde für sie zu einem Schlüsselerlebnis. Schon lange litt sie schrecklich an Migräne und hatte bemerkt, dass es besser wurde, wenn es ihr gelang, ihre Gedanken zu stoppen. Wenn es stimmte, dass diese japanischen Mönche es schafften, nicht mehr zu denken, dann musste sie sich in ihre Schule begeben.

Das Leben verging schnell, und sie war schon siebenundzwanzig, als sie das erste Mal nach Japan fuhr. Von diesem ersten Aufenthalt war sie überwältigt. »Ich bin in mehreren Klöstern gewesen. Mit Mönchen in einem Kloster zu meditieren, das achthundert Jahre alt ist, dort zu sein und die Energie zu spüren, die sich in achthundert Jahren gesammelt hat ... Ich fühlte mich von dieser Energie so getragen, dass ich mich nur auf ein Kissen zu setzen brauchte, um sofort in Meditation zu versinken.«

Sie kehrte immer wieder nach Japan zurück. »1985 hielt ich mich in einem kleinen Tempel hoch in den Bergen auf«, erinnert sie sich. »Der Meister war dreiundsiebzig, und ich fühlte ein absolutes Vertrauen zu ihm. Nach drei oder vier Tagen fragte ich ihn, ob er mich als Schülerin annehmen würde, und er war einverstanden. Ich verbrachte drei Jahre bei ihm, und nach und nach begriff ich viele Dinge. Ich war auf der Suche nach einem kontemplativen Leben, und wenn mein Leben anders verlaufen wäre, hätte ich es wahrscheinlich bei den Benediktinerinnen oder den Zisterzienserinnen gefunden.«

Nach drei Jahren musste sie Japan aufgrund von Visaproblemen verlassen. Auf der Durchreise traf sie in Taiwan einen Meister, der sie fragte, was sie in Japan gelernt habe. Sie antwortete: »Als ich dort ankam, glaubte ich einiges zu wissen. Jetzt weiß ich, dass ich nichts weiß.«

Kurz darauf entdeckte sie Village des Pruniers. Sie wollte dort einen einundzwanzigtägigen Retreat machen, und heute, nach zehn Jahren, ist sie immer noch hier. Anfangs brauchte sie die Erlaubnis ihres japanischen Meisters, um bei Thich Nhat Hanh bleiben zu können, also fuhr sie nach Japan, um ihn zu fragen. Er war gerade im Krankenhaus.

»Als ich in sein Zimmer trat, fragte er mich sofort: ›Kannst du jetzt die fünf Achtsamkeitsübungen weitergeben?‹ Ich bejahte das, und er sagte nur: ›Dann lass uns Tee trinken.‹ Er hatte verstanden, dass ich so weit war und dass ein anderer mir diese Erlaubnis gegeben hatte. Mich rührte das sehr.

Er starb 1997. Ich war damals nicht in Pruniers, und man hatte mich nicht erreicht, so dass ich bei seiner Bestattung nicht dabei sein konnte. Nach neunundvierzig Tagen fand eine große Zeremonie statt. Ich wäre gerne hingefahren, aber es war mitten im Winterretreat, eine Zeit, in der man das Kloster nicht verlässt. Ich fragte also Thay, ob wir hier eine Zeremonie abhalten könnten, und er willigte ein. Auf einem Altar stand das Foto meines Meisters, und es gab eine Gedenkrede, die Thay auf Chinesisch geschrieben hatte. Er bat mich, ihm zu folgen, ging bis zum Altar und berührte dreimal den Boden. Ich war sehr gerührt und begriff, dass mein japanischer Meister hundertprozentig damit einverstanden war, dass ich mein spirituelles Leben in die Hände von Thay legte.«

Nach diesem langen Weg ist sie jetzt also Äbtissin, und wenn man sie fragt, was das für sie bedeutet, überlegt sie eine Weile und antwortet dann: »Das ist für jeden anders. Worum es mir am meisten geht, mehr als um die Studien beispielsweise, ist das Gemeinschaftsleben. Jede Minute ist dabei eine Übung, denn in jeder Minute bin ich damit konfrontiert, ob ich die Fähigkeit habe zu lieben oder nicht. Ich fühle es, ich weiß, ob ich sie habe oder nicht, und ich weiß, dass es mein Weg ist, zur Liebe fähig zu werden.

Als ich achtzehn war und meine Freundinnen und ich vom Heiraten sprachen, pflegte ich zu sagen: ›Ich kann mir nicht vorstellen, immer nur eine Person zu lieben. Ich will die ganze Welt lieben, so wie Jesus Christus.‹ Das gilt für mich noch heute.

Ich bin für die, die hier leben, verantwortlich und auch für die, die nur vorbeikommen. Ich muss erkennen, was diese

Menschen brauchen, damit diese Liebe sich entwickelt und sich manifestiert. Ich muss ihnen helfen, an ihren Stärken zu arbeiten und ihre Schwachpunkte zu verwandeln. So wie auch ich mit meiner Kraft und meiner Schwäche konfrontiert bin.

Diese Schwäche in mir kann, wenn ich sie akzeptiere, zur Stärke werden. Das ist etwas sehr Konkretes, das ich in jedem Moment üben kann. Denn das bedeutet Praxis. Es geht nicht darum, wegen seiner Schwächen Schuldgefühle zu haben, sondern darum, zu wissen, dass man jederzeit zurückkehren kann. Die Tür steht immer offen.

Vater Philippe, ein orthodoxer Priester aus dem benachbarten Kloster Sainte-Croix, kam uns einmal besuchen. Er sagte zu uns: ›Wir sind auf Erden, um lieben zu lernen.‹ Ich bin damit hundertprozentig einverstanden, und wenn ich lese, welche Rolle die Äbte und Äbtissinnen im Christentum hatten, bin ich auch damit einverstanden.

Ich jedenfalls habe bemerkt, dass achtsam zu leben eine Art Gewohnheit ist. Ich weiß zum Beispiel, ob ich ganz gegenwärtig bin oder nicht. Manchmal merke ich, dass ich es nicht bin, und wenn das passiert, sage ich mir ›Komm zurück!‹, und ich komme immer wieder zurück, sooft es nötig ist. Wenn ich nicht gegenwärtig bin, kann ich wählen: Entweder bleibe ich in der Traumwelt, dort, wo mein Körper nicht ist, oder ich entscheide mich zurückzukommen. Und ich merke, dass das mit etwas Übung immer leichter wird. Ich bleibe länger meiner selbst bewusst, und mein Geist wird immer geschmeidiger. Das passiert vor allem an den Faulheitstagen.«

Die Faulheitstage ... In einem so traditionellen Kloster wird das nicht ganz ernst genommen. Es ist aber die direkte Umsetzung der Lehren von Thich Nhat Hanh. Als er in den Westen kam, war er verblüfft über die Hektik der Menschen in den Städten, die überall herumrennen, um jeden Preis etwas tun müssen, sich wieder und wieder mit anderen treffen, ständig mit Aktivitäten und Vergnügungen befasst sind, stundenlang vor dem Fernseher sitzen und sich für Sachen begeistern, die es ganz offensichtlich nicht wert sind.

In seinem Buch *La Sérenité de l'instant* schreibt Thich Nhat Hanh:

»Im Westen sind wir weitgehend von unseren Zielen bestimmt. Wir wollen wissen, was unser Ziel ist, und mobilisieren unsere ganze Energie, um dorthin zu gelangen. Zweifellos ist das eine nützliche Haltung, aber dabei vergessen wir oft, uns auf dem Weg dorthin zu entspannen.

Im Buddhismus gibt es ein Wort, das *Abwesenheit von Wünschen* oder *Abwesenheit eines Ziels* bedeutet. Dahinter steht der Gedanke, dass es unnötig ist, sich etwas vorzustellen und dem hinterherzurennen, weil alles schon da ist, in uns selbst. Wenn wir Gehmeditation üben, versuchen wir nicht, irgendwo anzukommen. Wir begnügen uns damit, in Frieden und Freude zu gehen. Wenn wir immerzu an die Zukunft denken, an das, was wir schaffen wollen, dann verirren wir uns …

Oft sagen wir uns: ›Jetzt sitz doch nicht so da, beweg dich!‹ Wenn wir Achtsamkeit üben, können wir etwas ganz Ungewohntes entdecken: Dass nämlich der Nutzen vielleicht woanders liegt und dass wir uns vielmehr sagen sollten: ›Hör auf, dich zu bewegen, und bleib sitzen!‹

Wir müssen lernen, manchmal innezuhalten, um klarer zu sehen. Anfangs kann euch dieses Innehalten wie ein Widerstand gegen das moderne Leben vorkommen – zu Unrecht. Es ist ja nicht nur ein Reagieren, es ist eine Fähigkeit, innehalten zu können und nicht weiterzuhasten. Unsere Übung hat nicht zum Ziel, vor dem Leben davonzulaufen, sondern es zu leben und zu zeigen, dass es möglich ist, glücklich zu sein, heute und in Zukunft.«

Im Village des Pruniers ist der Montag der Tag der Faulheit. Das heißt, es ist ein Tag ohne festgelegten Ablauf, und jeder hat die Freiheit, ihn so zu gestalten, wie er möchte. Nur der Zeitplan der Mahlzeiten ist verbindlich. Abgesehen davon, macht man, was man will. Jeder steht auf, wann er will, geht spazieren, wohin und wie er will. Man darf sogar arbeiten, wenn man Lust dazu hat, aber unter der Bedingung, dass es auf entspannte Weise geschieht und die Arbeit nicht die gleiche ist, die man jeden Tag verrichtet.

»Wir nennen das Faulheit«, erklärt Schwester Gina, »weil man im modernen Leben immerzu beschäftigt sein muss. Das ist die Haltung der Gesellschaft. Hier haben wir am Montag das Recht, mit gutem Gewissen nichts zu tun. Sogar die Glocke schweigt. Beispielsweise sagt man sich dann: ›Zwischen Frühstück und Mittagessen habe ich drei Stunden, in denen ich faul sein kann und in aller Ruhe machen kann, was ich will.‹ Versuchen Sie mal, einen ganzen Tag lang wirklich faul zu sein. Sie werden sehen, dass das gar nicht so einfach ist. Natürlich ist das Allerwichtigste, dass, was immer man tut, mit Achtsamkeit geschieht.

Für die jungen Mönche und Nonnen ist es manchmal schwer, sich selbst überlassen zu sein. Die Glocke, der Stundenplan und die geregelten Aktivitäten stellen für sie oft einen Rahmen dar, von dem sie meinen, dass sie ihn brauchen.«

Es gibt einen weiteren Zeitpunkt, der für das Gemeinschaftsleben sehr wichtig ist und der hier »Neuanfang« genannt wird. An Neumond- und Vollmondabenden sammeln sich in den drei Klöstern die Mönche und Nonnen um den Abt und die Äbtissinnen.

Für die Beziehungen untereinander ist diese Zusammenkunft sehr wichtig. Hier besteht die Möglichkeit, zum Ausdruck zu bringen, was die Gemeinschaft an jedem und jeder schätzt. Es ist eine Art Bewusstseinsprüfung, die dem, was bei den Christen üblich ist, sehr nahe kommt, allerdings vermeidet man dabei so weit wie möglich, dass auch nur die leisesten Schuldgefühle aufkommen.

Die Gebote des Buddha werden verlesen und einzeln durchgegangen, und jeder hat das Recht, sich dazu zu äußern. Es geht aber keinesfalls darum, eine Diskussion zu entfachen, denn all das soll sich im bewussten Zuhören und in Vollkommener Achtsamkeit vollziehen. Im Allgemeinen beginnt man damit, einer bestimmten Person gegenüber seine Dankbarkeit zum Ausdruck zu bringen. Das nennt man »die Blume gießen«. Man merkt zum Beispiel, dass sich jemand in seiner Praxis sehr viel Mühe gibt, und sagt es ihm. Etwa: »Ich danke dir, dass du das für mich getan hast.« Man kann auch sein Bedauern zum Ausdruck bringen: »In der letzten Woche hast du mich gebeten, etwas zu tun, und ich habe dir nicht freundlich geantwortet. Das tut mir Leid.« Dabei belässt man es dann, um jede Diskussion zu vermeiden.

»Das ist eine Übung«, erklärt Gina, »bei der man bewusst zuhört und anteilnehmend zueinander spricht. Wenn man normalerweise jemandem sagt: ›Danke, ich bin dir dafür sehr dankbar‹, antwortet derjenige meist: ›Das ist doch eine Kleinigkeit.‹ Wir aber üben uns darin, die Blume, die man uns anbietet, anzunehmen. Das ist nämlich keine Kleinigkeit. Und wenn wir unser Bedauern äußern, dann macht es sich der andere zur Pflicht, es zu akzeptieren, ohne zu antworten.«

Natürlich handelt es sich hierbei um ein ideales Szenario. Es kommt vor – und das ist auch normal –, dass die Beziehungen untereinander nicht immer so engelsgleich sind und dass Verletzungen nicht so leicht zu heilen sind. Manchmal weigert sich die Person, der man einen Vorwurf zu machen hat, ihn zu akzeptieren. In diesem Fall hat sie das Recht, alles zu sagen, was sie auf dem Herzen hat – aber auf gar keinen Fall sofort. Man muss warten können und niemals sprechen, wenn man noch wütend ist. Wie Schwester Gina sagt: »Bevor man redet, muss man sich zuerst mit der eigenen Wut und Reue beschäftigen. Das hilft, wenn der Moment gekommen ist, Worte zu finden, die nicht verletzen.

Später dann, wenn man sich beruhigt hat, setzt man sich zusammen. Der eine kann etwa folgendermaßen beginnen: ›Vielleicht habe ich das falsch aufgefasst, aber ich habe das Gefühl, dass du das nicht sehr freundlich gesagt hast, und mich hat das verletzt.‹ Der andere hört zu. Es kommt vor, dass die Verletzung sehr tief ist und dass man eine sehr empfindliche Stelle getroffen hat. Derjenige, der verletzt ist, muss sich Zeit nehmen und sich selbst auf den Grund gehen, um zu erkennen, ob etwas Wahres an dem ist, was der andere gesagt hat. Dazu braucht man Mitgefühl mit sich selbst. Wenn das fehlt, ist es schwer, etwas zu akzeptieren. Dann beginnt man, sich zu verteidigen, entwickelt dem anderen gegenüber Ressentiments, und dann wird es schwer, wieder harmonische Beziehungen herzustellen.

Wir müssen begreifen, dass wir aufgrund unserer Konditionierungen so sind, wie wir sind. Weil wir in eine bestimmte Familie hineingeboren und durch unsere Beziehungen zu unseren Eltern, Geschwistern, Lehrern und zur Gesellschaft geprägt sind. Wenn man das einmal eingesehen hat, kann man Mitgefühl mit sich selbst haben und akzeptieren, was der andere gesagt hat.

Diese Interaktion kann zuweilen schmerzvoll sein, aber in der Gemeinschaft führt das schließlich dazu, dass wir uns einander näher fühlen und uns besser verstehen. Uns selbst und auch die anderen. Im Laufe der verschiedenen ›Neuanfänge‹ entdecken wir mehr und mehr, wie sehr wir miteinander verbunden sind. Was wir sagen, formt den anderen, und was der andere sagt, formt uns. Das ist schön und auch der eigentliche Sinn des gemeinschaftlichen Lebens.«

Es gibt noch eine andere Möglichkeit, einen »Neuanfang« zu machen. Sie ist für Paare gedacht, die in den neuen Weiler, nach Dieulivol, kommen, in dasjenige der drei Klöster, in dem Zimmer für sie reserviert sind. Dort ist Schwester Chan Khong die Leiterin, die Älteste im Kloster, die sich bescheiden »Thays Sekretärin« nennt. Sie interessiert sich sehr für Paare, und viele haben bei ihr die Hilfe gefunden, die sie brauchten.

Schwester Chan hat eine Ausdrucksweise, die so unnachahmlich, so klar, leicht und poetisch ist, dass es schade wäre, sie nicht zu Wort kommen zu lassen. Hören wir, wie sie erklärt, was in ihren Augen die »Liebe auf den ersten Blick« bedeutet.

»Wenn sich zwei junge Menschen spontan ineinander verlieben, kann man die Liebe auf den ersten Blick so erklären: Als ihr noch Kinder wart, war eure Mutter manchmal nervös und überlastet, und dann kam eine eurer Tanten. Sie hatte blaue Augen, blondes Haar, sie war sehr lieb zu euch und sah euch zärtlich an. Das weckte auch in euch eine tiefe Zärtlichkeit, und ihr blühtet auf wie eine Blume.

Und dann wurdet ihr größer. In der Pubertät traft ihr ein Mädchen, das blaue Augen und blondes Haar hatte, und ihr sagtet euch: ›Das ist die Frau meines Lebens, der Mensch, auf den ich gewartet habe.‹ Ihr habt euch verliebt, zusammen gelebt und dann gemerkt, dass diese Liebe nicht das war, wovon ihr geträumt habt. Es kommt zu kleinen Streitereien, zu kleinen Verletzungen.

Nach drei Monaten oder auch drei Jahren habt ihr keine Lust mehr, nach Hause zu gehen. Wenn ihr zum Beispiel Arzt seid, dann sagt ihr euch: ›Vielleicht sollte ich meinen Kranken mehr Zeit widmen, statt nach Hause zu gehen und mir Vorwürfe anzuhören.‹ Wenn ihr Schriftsteller seid, dann verschanzt ihr euch im Arbeitszimmer, hört nicht auf zu schreiben und habt keine Zeit mehr, mit eurer Partnerin zu reden. Thay sagt, dass man in die Arbeit flüchtet, um die wahren Probleme des Lebens zu vergessen.

Hier bieten wir einen Neuanfang an. Wir versuchen, den etwas desillusionierten Paaren klar zu machen, dass sie ein falsches Bild voneinander haben und dass sie die wahre Realität des anderen erst noch entdecken müssen. Es stimmt, diese junge Frau ist nicht die sanfte und freundliche Frau, von der ihr in eurer Kindheit geträumt habt, aber sie ist trotzdem so, wie sie ist, eine wunderbare Wirklichkeit. Dieser junge Mann ist nicht der Papa, den ihr so sehr vermisst habt, aber auch er kann wunderbar sein und euch viel Freude schenken.

Was muss man tun, damit einem Paar diese Realität bewusst wird? Wir schlagen ihnen vor, jede Woche einen ›Neuanfang‹ zu machen. Im Alltagsleben nehmt ihr euch ja auch die Zeit, Kurse zu besuchen oder euer Auto zu waschen, aber ihr nehmt euch nicht die Zeit, eure Liebe zu erneuern. Das ist schade! Dabei ist es so wichtig! Thay schlägt vor, einen Tag auszusuchen und ihn in eurem Kalender einzutragen. Er schlägt den Freitagabend vor, weil ihr dann das Wochenende vor euch habt, um euch zu entspannen. Wenn ihr also in der Woche Probleme gehabt habt, wenn ihr euch unangenehme Dinge gesagt und dem anderen etwas vorzuwerfen habt, dann bitte ich euch, bis Freitag zu warten. Vermeidet es, sofort zu reagieren und das Problem anzuschneiden, wenn ihr noch im heftigen Streit oder bitter frustriert seid. Nehmt euch die Zeit, zur

Ruhe zu kommen und zwischen euch wieder eine Atmosphäre herzustellen, in der Lebendigkeit, Frieden, Sanftmut und Liebe herrschen.

Am Freitagabend könnt ihr zu Beginn eine Blume nehmen, sie ausgiebig betrachten, ihren Frieden und ihre Schönheit in euch aufnehmen und beginnen, über die angenehmen Dinge der vergangenen Woche zu sprechen. Der, der die Blume hält, hat das Wort, und der andere darf ihn nicht unterbrechen. Ihr könntet etwa sagen: ›Du warst ganz großartig, weil du so viel Zeit für meine Mutter aufgebracht hast, obwohl du doch so viel zu tun hattest ... Dienstag hast du mit meiner kranken Schwester telefoniert ...‹ Es ist sehr wichtig, mit Komplimenten zu beginnen, das schafft eine entspannte Atmosphäre.

Dann und erst dann kann man sein Bedauern äußern. Zum Beispiel: ›Ich fand dich so schön in deinem neuen Kleid, aber ich habe vergessen, dir zu sagen, dass ich dich ganz toll finde.‹ Oder: ›Ich habe vergessen, dir dafür zu danken, dass du das und das für mich gemacht hast.‹

Bis dahin ist es noch relativ leicht. Der dritte Teil ist schwieriger, denn jetzt kommt der Moment, in dem man nicht nur sein Bedauern, sondern auch seine Unzufriedenheit zum Ausdruck bringen muss. Es gilt, ruhig zu bleiben, dem anderen zuzuhören, ohne eine Diskussion anzufangen. Mit ein bisschen Übung ist das möglich, wie die Erfahrung zeigt. ›Du hast etwas gesagt, das mir wehgetan hat. Ich habe das nicht verstanden. Erklär es mir.‹ Oft reicht es schon, etwas zu erklären, um Verzeihung zu erlangen.

Ich werde euch ein Beispiel aus meiner Praxis geben. Zwei Verliebte machen Picknick. Das junge Mädchen hat keinen Hunger, isst nur den Belag vom Sandwich und wirft den Rest in den Abfallkorb. Sie ist sehr überrascht, als sie sieht, wie ihr Freund in Wut gerät. Sie versteht das nicht, es ist doch nur ein bisschen Brot. Sie glaubt, dass er geizig ist, und ärgert sich.

Glücklicherweise hat sie schon den ›Neuanfang‹ praktiziert. Zwei Tage später, am Freitag, kommt sie auf die Situation zurück: ›Erinnerst du dich, wir waren so glücklich an dem Tag, und nur, weil ich ein Stück Brot weggeworfen habe, hatte ich den Eindruck, dass du mich als Kriminelle betrachtest. Erklär mir das. Ich verstehe es nicht.‹

Er, ein Vietnamese, antwortet: ›Früher waren wir sehr reich. Mein Großvater und mein Vater waren beide Mediziner, mein Vater war Militärarzt. Als die Kommunisten kamen, wurde er verhaftet und in ein Umerziehungslager gesteckt. Unser Haus wurde beschlagnahmt und unsere ganze Familie aufs Land geschickt. Es gab Tage, an denen wir nichts zu essen hatten. Als der Krieg zu Ende war, konnten sich die einfachen Leute irgendwie durchschlagen, weil sie noch ein bisschen Gold hatten, aber die Intellektuellen hatten alles verloren, weil sie ihr ganzes Geld bei der Bank deponiert hatten. Wir hatten wirklich nichts. Als mein Vater schließlich aus dem Umerziehungslager zurückkam, hat er uns erzählt, dass er an manchen Tagen sogar das kleinste Reiskorn aufgelesen hat, um seinen Hunger etwas zu stillen.

Euch hat es niemals an etwas gemangelt, und ihr findet es normal, ein Stück Brot in den Abfall zu werfen, aber für uns ist das Brot heilig. Wir sind sehr sparsam und werfen nichts weg.‹

Die junge Frau verstand und war ganz gerührt. Es kann keine Liebe geben, wenn es kein Verstehen gibt. Wir üben also den ›Neuanfang‹, damit die Verliebten verstehen lernen, was sich hinter den Handlungen des anderen verbirgt, und miteinander eins werden können. Und das soll in Freude geschehen und nicht im Ärger. Es gilt die absolute Regel, dass man warten muss, bis man wieder ruhig geworden ist, bevor man sich ausspricht. Es ist sehr wichtig, niemals etwas im Eifer des Streits zu erklären.

Die Blume in die Hand zu nehmen bedeutet, die lebendige Buddha-Natur um Hilfe zu bitten. Das gibt aber noch lange nicht das Recht, verletzende Dinge zu sagen. Wenn das geschieht, kann der, der sich angegriffen fühlt, immer noch sagen: ›Ich würde jetzt lieber aufhören.‹ Man muss dann noch warten.«

4

VERSCHIEDENE WORTE – EINE REALITÄT

Kommen wir noch einmal kurz auf die Ordinationszeremonie zurück. Unter den Vietnamesen und Vietnamesinnen, die eher klein und zierlich sind, gab es in der zweiten Reihe eine Westeuropäerin, eine junge, kräftige Frau, die sie um Haupteslänge überragte. Ihre Eltern saßen so dicht wie möglich bei ihr, und ihr Vater fotografierte immerzu, so, als wolle er eine Reportage machen.

Diese junge Frau ist eine Deutsche. Sie heißt Martina, ist neunundzwanzig, und ihre Geschichte ist exemplarisch. Sie lebt seit anderthalb Jahren im Village des Pruniers. Als die einzige Tochter hat sie eine privilegierte Kindheit gehabt, und sie gesteht zu, dass ihre Eltern ihr viel Freiheit gelassen und ihr alles gegeben haben, was sie wollte. Das änderte aber nichts daran, dass sie ein schwieriges Kind war.

Schwierig, weil sie litt und nicht richtig wusste, warum. Ihr fehlte nichts, sie hatten ein schönes Haus, sie lebte im Wohlstand, aber sie spürte eine Leere in sich und wusste nicht, wie sie sie füllen sollte. »Ich wollte perfekt sein«, sagt sie, »ich war nie zufrieden. Ich hatte immer das Bedürfnis, den Dingen auf den Grund zu gehen. Als ich neunzehn war, hatte ich das Gefühl, in ein Loch gefallen zu sein.«

Was tut man, wenn man einen solchen Anspruch hat, Deutsche und Protestantin ist? Sie entschließt sich, Theologie zu studieren, begeistert sich dafür, hat aber zugleich das Gefühl, dass das, was sie lernt, zu intellektuell ist. Sie hat vor allem das Bedürfnis, nicht nur zu denken, sondern auch zu praktizieren.

Trotzdem strengt sie sich an, legt ihre Examina ab und ist schon im Begriff, Pastorin zu werden. Nur noch ein paar Wochen, und sie wird ihre Pfarrstelle bekommen.

Vorher aber hat sie noch das Bedürfnis, eine Reise in ihr Inneres zu machen, das Leben tiefer zu erfahren und zu meditieren. Sie besucht Klöster und macht Retreats. In der Schweiz sieht sie einen Film über Thich Nhat Hanh und das Village des Pruniers und sagt sich, dass das vielleicht der Ort ist, um sich der Kontemplation zu widmen, bevor sie in das aktive Leben eintritt. Ohne lange zu zögern, besteigt sie ihr schweres Motorrad und kommt für einen dreiwöchigen Aufenthalt nach Pruniers.

Wieder zu Hause, stellt sie sich immer wieder die gleiche Frage: »Was wäre, wenn ich länger in Pruniers bliebe?« Schließlich wird ihr klar, dass sie daran nichts hindert, dass sie frei ist, dass sie ihr Studium beendet und noch keine Pfarrstelle hat. Eines Tages, nach vier Wochen innerer Befragung, zieht sie aus ihrer Wohnung aus, verkauft ihr Motorrad und kommt nach Pruniers zurück, um dort zu bleiben.

Sie ist achtundzwanzig und hat das Gefühl, einen einzigartigen Ort entdeckt zu haben, den Ort, der für sie bestimmt ist. Sie fühlt sich hier zu Hause, fühlt sich wohl, geht in der Praxis auf und ist tief erfüllt von den Lehren Thich Nhat Hanhs. Trotzdem fühlt sie sich nicht als Buddhistin und hat auch nicht die Absicht, es zu werden. Hören wir ihre Erklärung:

»Bevor ich darum bat, ordiniert zu werden, habe ich ein Gelübde auf die fünf Achtsamkeitsregeln abgelegt. Paradoxerweise habe ich in diesem Moment begriffen, dass ich niemals Buddhistin sein würde. Von einer Religion zur andern zu wechseln hat gar keinen Sinn. Ich begriff, dass meine Wurzeln christlich waren und dass ich hier mit dem Ziel arbeiten sollte, sie noch tiefer reichen zu lassen. Wenn ich mit Buddhisten spreche, spreche ich eine buddhistische Sprache, aber wenn ich mit Menschen von außerhalb rede, bin ich glücklich darüber, mit ihnen in einer Sprache zu sprechen, die sie verstehen, meistens in der christlichen Sprache. Was mich hier anzieht und was ich noch nirgendwo anders gefunden habe, ist die Erforschung des tiefsten Inneren. Das Reine Land, Nirvana, das Reich Gottes, das Gewissen, der Sangha, der Heilige Geist, all das sind verschiedene Worte, die die gleiche Realität beschreiben.

In der christlichen Theologie, so wie ich sie studiert habe, hieß es, dass das, was uns von anderen Religionen unterscheidet, darin gründet, dass Christus der *einzige* Sohn Gottes ist. Das Christentum in dieser Weise aufzufassen ist zu dogmatisch, und ich konnte das nicht akzeptieren. Die Dogmen sind innerhalb der Kirche entstanden, und das heißt in meinen Augen, dass sie nicht wirklich wichtig sind. Wichtig ist, in welcher Religion auch immer, die Erfahrung der Nähe Gottes zu machen, so zu leben, dass man diese Erfahrung machen kann. Das ist das eigentlich Wunderbare. Ich glaube, dass wir alle, Buddhisten, Christen, Hinduisten und Muslime, Töchter und Söhne Gottes sind. Darum kann ich die Leute nicht ernst nehmen, die mir sagen: ›Wenn du nicht auf diese und diese Weise glaubst, bist du kein Kind Gottes, sondern ein Kind des Teufels.‹

Man muss über die Worte und Formeln hinausgehen. Es stört mich überhaupt nicht, in zwei Religionen zu leben. Ich habe hier viel über das Christentum gelernt, und ich praktiziere ernsthaft den Buddhismus. Beides passt gut zusammen. Ich lerne so viel durch diese Balance zwischen beidem, es ist wirklich eine Schule des Bewusstseins.

Hier wird der Schwerpunkt auf die Praxis gelegt, und das

brauche ich, aber ich kann auch im Geist des Christentums beten. Die Begrifflichkeit kann ich fallen lassen.

Einmal hörte ich, wie Thay zu einer vietnamesischen Nonne, die aus den Vereinigten Staaten kam, sagte: ›Da du aus Vietnam und den Vereinigten Staaten kommst, kannst du eine Brücke zwischen beiden sein.‹ Ich hoffe, dass auch ich später eine Brücke zwischen Buddhismus und Christentum sein kann.

Bei den Buddhisten ist die Beziehung zum Buddha voller Respekt und Liebe. Die Christen neigen dazu, ein Wesen außerhalb ihrer selbst zu verehren. Die Buddhisten meinen eher, dass sie zuerst den Weg ins eigene Innere gehen müssen, um dann die anderen und die Welt zu erkennen. Die Christen tendieren dazu, Gott durch die anderen zu finden und so zu sich selbst zu gelangen. Beide Wege sind gut und laufen auf dasselbe hinaus. Über die bestehenden Unterschiede hinweg können beide darin übereinstimmen, dass Gott überall und alles Übrige nur eine Frage des Vokabulars ist. Letztendlich ist es nur die lebendige Erfahrung, die zählt.«

Indem sie das sagt, befindet sich Martina in Übereinstimmung mit den Lehren Thich Nhat Hanhs. Für ihn war es anfangs nicht leicht, Christus und die Christen zu lieben. Die katholischen Missionare hatten nichts getan, um sich im Land beliebt zu machen, und in den schlimmsten Zeiten des Vietnamkrieges verbot Präsident Diem, der selbst Katholik war, per Gesetz die Feier des Wesak, eines der bedeutendsten Feste des Buddhismus.

Erst später traf Thay echte Christen. Er spricht mit großer Begeisterung von Thomas Merton und Martin Luther King, die er gut gekannt hat und die er als Vollendete betrachtet. Er war auch ein Freund von Pater Daniel Berrigan, einem Jesuiten, der in den Vereinigten Staaten viel von sich reden machte.

Das geht so weit, dass er auf dem Altar seiner kleinen Eremitage in der Nähe des Village des Pruniers heute zwei Bilder, eins von Buddha und eins von Christus, stehen hat. »Jedes Mal, wenn ich ein Weihrauchstäbchen anzünde, verbinde ich mich mit beiden, denn sie sind meine spirituellen Ahnen.«

Von seinen Schülern verlangt er nie, dass sie ihre ursprüngliche Religion aufgeben, um Buddhisten zu werden. Ganz im Gegenteil. Wenn sie die fünf Achtsamkeitsübungen und die drei Kostbarkeiten studiert und praktiziert haben, ermahnt er sie: »Ich hoffe, dass ihr jetzt zu eurer Tradition zurückkehren werdet, um die Kostbarkeiten zu erhellen, die es dort schon gibt. Ich bitte euch, sie so zu praktizieren, wie sie bei uns dargestellt werden, oder so, wie sie in eurer Tradition gelehrt werden.«

In seinem Buch *Bouddha vivant, Christ vivant (Meditationen zu »Lebendiger Buddha, lebendiger Christus«)* schreibt er zu diesem Thema:

»Der lebendige Christus ist der Christus der Liebe. Er bringt in jedem Moment nichts als Liebe hervor. Wenn die Kirche Verstehen, Toleranz und Güte zeigt, dann ist Jesus anwesend. Die Christen müssen Jesus Christus helfen, sich durch ihre Lebensweise zu manifestieren, indem sie ihrer Umwelt zeigen, dass Liebe, Verstehen und Toleranz möglich sind. Bücher und Predigten können das nicht, sondern nur die Art und Weise, wie wir auf Erden leben. Auch im Buddhismus wird gesagt, dass der lebendige Buddha, der, der Liebe und Erbarmen lehrt, durch unsere Art zu leben sichtbar werden muss.

Dank der Praxis vieler Generationen von Buddhisten und Christen ist die Kraft des Buddha und die Kraft Jesu Christi auf uns gekommen. Wir können den lebendigen Buddha berühren, und wir können den lebendigen Christus berühren.

Zu wissen, dass in unserem Körper der Körper des Buddha fortbesteht und dass unser Körper ein Teil des mystischen Körpers Christi ist, verschafft uns die wunderbare Möglichkeit, dem Buddha und Christus bei ihrem Werk zu helfen.«

Was den Heiligen Geist angeht, so hat Thich Nhat Hanh einmal einen florentinischen Mönch gefragt, was er darunter verstehe, und war von dessen Antwort begeistert: ›Der Heilige Geist ist die Energie, die von Gott gesandt ist.‹ »Diese Antwort«, kommentierte er, »hat mich gefreut, denn sie bestätigte mein Gefühl, dass der Heilige Geist der sicherste Weg ist, um mit der Dreifaltigkeit in Berührung zu kommen. Für mich ist die Vollkommene Achtsamkeit dem Heiligen Geist sehr ähnlich. Beide können Heilung bewirken.

Der Heilige Geist stieg in Form einer Taube zu Jesus herab, er erfüllte ihn ganz, und in Jesus offenbarte sich der Heilige Geist. Jesus heilte alles, was er berührte. Durch die Kraft des Heiligen Geistes, die in ihm war, heilte und verwandelte er viele Menschen. Darin stimmen alle Richtungen des Christentums überein. Ich sagte zu dem Mönch, dass nach meiner Überzeugung wir alle den Samen des Heiligen Geistes in uns tragen, die Fähigkeit, zu heilen, zu verwandeln und zu lieben. Wenn wir diesen Samen berühren, sind wir fähig, Gott den Vater und Gott den Sohn zu berühren.«

Unter diesen Umständen ist es nicht erstaunlich, dass sich viele Christen vom Village des Pruniers angezogen fühlen. Sie fühlen sich wohl, weil ihr Glaube respektiert wird. Deshalb ist es hier zu einer Situation gekommen, die paradox erscheint: In einem buddhistischen Kloster gibt es Mönche und Nonnen, die erklärtermaßen Christen sind und als solche in der Gemeinschaft anerkannt werden.

Jemand wie Martina natürlich, aber auch Schwester Elisabeth, über die man uns sagte: »Da ihr an der Harmonie zwischen den Religionen interessiert seid, solltet ihr sie aufsuchen. Ihr werdet eine Nonne erleben, die zugleich Tochter des Buddha und Tochter Christi sein will.«

Schwester Elisabeth ist eine Frau, die sehr zart wirkt, aber ihr Blick lässt neben großer Sanftmut auch einen unbeugsamen Willen erkennen. Dass sich Schwester Elisabeth leidenschaftlich für die Harmonie zwischen den Religionen einsetzt, ist nicht erstaunlich.

Sie ist in Marokko geboren und war ein halbes Jahr alt, als ihr Vater nach Marrakesch versetzt wurde. Ihre Großeltern und ihre Eltern waren fromme Christen und von einer großen Offenheit des Geistes.

»Als ich zum ersten Mal hörte, wie der Muezzin zum Gebet rief, sagte meine Mutter zu mir: ›Mein Liebling, du wirst gleich sehen, dass Männer und Frauen zu einem Ort gehen, der keine Kirche ist, aber sie folgen dem Ruf Gottes, der in diesem Land anders genannt wird. Du wirst oft sehen, wie sich Männer und Frauen auf den Boden werfen. Das musst du respektieren, denn es ist ein Akt der Verehrung.‹ Als wir dann später durch das jüdische Viertel gingen, trafen wir Männer mit Schläfenlocken und mit der Kippa auf dem Kopf. Da sagte meine Mutter: ›Diese Männer sind Brüder, die ihr ganzes Leben Gott geweiht haben.‹

Auch wenn sie andere Glaubensrichtungen respektierten, blieben meine Eltern doch überzeugte Christen. Sie sagten oft zu mir, dass man in jedem Wesen und in jedem Ding einen Funken Gottes erkennen könne, dass Gott überall sei und dass alles, was ich sähe und berührte, ein Widerschein des Göttlichen sei.

Das alles habe ich als große Gnade empfunden, und ich war begeistert, dass wir in Mogador in dem Haus lebten, in dem früher Pater de Foucauld gewohnt hatte. Mit sechs Jahren empfing ich das, was ›private Kommunion‹ genannt wird. Ich habe dabei große Begeisterung und Liebe empfunden. Meine Eltern selbst lehrten uns den Katechismus. Sie sprachen immer wieder mit uns über den heiligen Franziskus von Assisi und die heilige Theresa von Lisieux. Ich war sehr glücklich in dieser Atmosphäre.

In Marrakesch lebten wir im arabischen Viertel. Dort sah es damals nicht so aus wie heute. Man sah dort viele Arme, Blinde und Krüppel und Kinder, deren Augen ständig eiterten und von Fliegen bedeckt waren. Ich hatte das Gefühl, dass ich großes Glück hatte, und wollte, wie meine Mutter, dieses Glück nutzen, um den Unglücklichen zu helfen.

Mein Wunsch, Nonne zu werden, war sehr groß, aber ich traf einen Mann, den ich liebte, und ich heiratete ihn. Wir haben zwei Kinder, meine Tochter ist am 1. Januar 2000 dreißig Jahre geworden.

Mein Mann verhielt sich sehr ablehnend gegenüber allen äußeren Bekundungen der Religion, so dass ich nicht so wie die meisten Christen praktizieren konnte. Gelegentlich ging ich zur Messe, meistens bei Hochzeiten, Taufen und Beerdigungen. Ich nutzte die Gelegenheit, die Kommunion zu empfangen, und war immer tief berührt.«

Das hindert sie aber nicht, sich sehr ernsthaft um einen eigenen religiösen Weg zu bemühen. Eigentlich ist sie auf der Suche nach einem spirituellen Meister, aber das ist ihr noch nicht ganz klar. Sie lernt viele Schüler kennen, die ihr von ihrem Meister erzählen, aber jedes Mal hat sie das Gefühl, dass es noch nicht das Richtige ist. Sie sucht weiter, stellt sich viele Fragen, bis sie eines Tages einen vietnamesischen Arzt und Akupunkteur trifft, der ihr von Thay erzählt, mit einer Begeisterung, die ansteckend ist. Zwei Monate später hat sie die Freude, bei einem seiner Vorträge in Lyon dabei zu sein.

»Aus diesem Vortrag bin ich mit dem Gefühl einer Offenbarung herausgegangen«, sagt sie. »Als ich nach Hause kam, erzählte ich meinem Mann und den Kindern, ich hätte das Gefühl, den heiligen Franziskus wiedergefunden zu haben. Ich hatte Thay nur kurz und von weitem gesehen, aber schon damals wusste ich, dass kein anderer mein Meister sein würde, dass er es war, den ich gesucht hatte.

Natürlich bin ich so schnell wie möglich ins Village des Pruniers gefahren. Das war 1987, und die Pforten begannen sich gerade zu öffnen. Es waren noch nicht sehr viele, die sich um Thay sammelten.

Bereits bei meinem ersten Aufenthalt hatte ich das Glück, ein Gespräch mit ihm führen zu können. Ich war Christin und bin es noch heute, aber in meiner Religion, so wie sie mir vermittelt wurde, hatte ich nicht wirklich den Weg gefunden, um mich grundlegend zu wandeln, nicht mehr in Wut zu geraten, endlich ein Mensch zu werden, der liebt. Thay hat mir diesen Weg gezeigt.

Zehn Jahre nach meiner ersten Begegnung mit Thay hat mich mein Mann nach einunddreißig Jahren Ehe und vier Jahren Verlobung verlassen. Natürlich habe ich darunter sehr gelitten, aber obwohl so viel Zeit vergangen war und ich ein weltliches Leben geführt hatte, kam ich ganz selbstverständlich auf die Idee zurück, Nonne zu werden. Ich wusste, dass kein katholisches Kloster eine geschiedene Frau aufnehmen würde, selbst dann nicht, wenn sie an der Scheidung nicht schuld war. Auf jeden Fall war ich davon überzeugt, dass mein wahrer Platz bei Thay war. Er hat mich im Village des Pruniers aufgenommen, und ich war darüber sehr glücklich.

Was ich so außergewöhnlich finde und was mir ganz entspricht, ist die Einheit von Lehre und Praxis, die er verkörpert. Ich war damals Heilgymnastin und arbeitete im geriatrischen

Hospital von Saint-Etienne mit Menschen, die bald sterben würden. Dort konnte ich die Vollkommene Achtsamkeit wirklich in die Tat umsetzen, und das führte zu ganz erstaunlichen Resultaten, wie die Ärzte und Krankenschwestern, mit denen ich zu tun hatte, bestätigen können.

Ich habe versucht, die Vollkommene Achtsamkeit in meiner Arbeit anzuwenden, auch bei den schwierigsten Fällen. Das bedeutet, dass man sich der Bedürfnisse und der Erwartungen der Patienten, aber auch des Pflegepersonals vollkommen bewusst ist. Sich des Leidens bewusst sein, aber auch des Glücks um uns herum. Denn wenn wir wirklich unserer selbst bewusst sind, können wir die Menschen lieben und ihnen, auch wenn sie sehr krank sind, helfen, die Schönheit zu empfinden, in die sie eingebettet sind. Wir haben geführte Meditationen gemacht, die sehr bewegend waren.

Zum Beispiel ist es durchaus möglich, die Kranken sich darüber bewusst werden zu lassen, dass sie auf sauberen Laken liegen und dass eine ganze Kette von Ereignissen dazu beigetragen hat. Eine Kette, die vom Baumwollsamen über die Sonne, den Regen und die Luft bis zur Arbeit derer geht, die die Pflanze herangezogen, geerntet und verarbeitet haben. Das klingt etwas verrückt, aber ist es wirklich ein Mittel, die Patienten wieder ins Leben zu führen und sie verstehen zu lassen, dass sie eins sein können mit der Umgebung, mit dem Personal, den Wäscherinnen, denen, die die Waschmaschinen reparieren ... Das ist sehr wichtig, denn das Leiden der Menschen hier kommt von der Einsamkeit, die sie auf ihrem Krankenbett empfinden. Wenn sie sich wieder mit etwas verbunden fühlen, sind sie gleich viel glücklicher, dann öffnen sie sich der Außenwelt. Wir nennen das die ›Meditation der Nicht-Einsamkeit‹, und sie führt zu ganz erstaunlichen Resultaten, weil die Kranken, zumindest während der Meditation, es schaffen, loszulassen und sogar ihre Schmerzen zu vergessen.

Wenn ich bei jemandem war, der sich nicht mehr alleine bewegen konnte, nahm ich oft seine Hand und sagte leise: ›Ich atme ein und bin mir meines Einatmens bewusst, ich atme aus und bin mir meines Ausatmens bewusst.‹ Danach konnten wir eine richtige geführte Meditation machen, gewahr werden, wie Sauerstoff eingeatmet und Kohlendioxyd ausgeatmet wird. Auch wenn man fast gar nichts mehr machen kann, bleibt man so mit dem großen Strom des Lebens verbunden. Jedes Mal, wenn es möglich war, habe ich anschließend eine Massage gemacht, die den anscheinend gefühllosen Körperteilen wieder Empfindung und Leben zurückgibt.

Ich konnte so die Aufmerksamkeit des Kranken auf seinen Körper lenken, und dann fragte ich ihn: ›Können Sie fühlen, ob meine Hand kalt, warm oder heiß ist?‹ Denn der Kranke registriert dann nicht mehr mit dem Intellekt und kommt mit angenehmen Gefühlen in Kontakt, und die Massage ist im Allgemeinen etwas sehr Angenehmes, sie stimuliert die Neuronen und entspannt. Es handelt sich dabei um sehr sanfte Massagen, die dem Körper etwas von seinem Empfindungsvermögen zurückgeben und die man bis zum Nahen des Todes anwenden kann.

Wenn es möglich war, habe ich die Aufmerksamkeit des Sterbenden auf alles, was er in seinem Leben Gutes getan hat, gelenkt, damit er seinen Körper in Frieden verlassen konnte. Wenn es ging, habe ich manchmal auch leise gesungen, wenn der Tod eintrat.«

Es ist faszinierend, direkt mitzuerleben, wie die Lehren Thich Nhat Hanhs auf den Alltag übertragen werden können, auf alle möglichen Aktivitäten, die dadurch erhellt werden und eine tiefe Bedeutung annehmen.

Es ist nicht erstaunlich, dass unter diesen Bedingungen die religiösen Neigungen Elisabeths noch stärker werden. Je mehr Zeit vergeht, desto deutlicher nimmt die Idee, Nonne zu werden, in ihr Gestalt an.

Eines Tages entschied sie sich dann, diesem inneren Ruf zu folgen. Das war nicht einfach, denn sie empfand sich mit ganzem Herzen und ganzer Seele als Christin.

Mehrmals suchte sie bei christlichen Freunden Rat. Bei der Visitandine von Saint-Etienne zum Beispiel. Sie erklärte, was in ihr vorging, beantwortete deren Fragen und hörte ihre Antwort: »Elisabeth, das ist Ihr Weg. Dort erwartet ER Sie.« Einer ihrer Freunde, der als Mönch in einer Klosterschule unterrichtete, gab ihr genau die gleiche Antwort.

Und als sie Thay sagte, dass sie buddhistische Nonne werden wolle, bestand er darauf, dass sie sich um keinen Preis von ihren christlichen Wurzeln trennen dürfe, und sagte ihr, dass sie, wenn sie das Bedürfnis hätte, weiterhin zur Messe gehen und sogar die Kommunion empfangen könne.

Sie erzählt: »Als Thay mir bei meiner Ordination das Nonnengewand übergab, nachdem er mir eine Haarsträhne abgeschnitten hatte, legte ich es auf den Kopf, dem Ritual gemäß, und sprach gleichzeitig mit meinen Schwestern die Worte: ›Oh, wie ist es schön, dieses Nonnengewand! Ich gelobe, es Leben um Leben zu tragen und allen Wesen Freude zu bringen.‹ Ich fragte mich: ›Wie kann ich denn als Christin diese Worte sprechen?‹ Und weil nichts zufällig geschieht, las ich kurz darauf ein Buch über die heilige Therese vom Kinde Jesu. Bei ihrem Tod sagte sie: ›Ich werde meinen Geliebten sehen und ihn bitten, mich erst dann ins Paradies eingehen zu lassen, wenn kein Wesen auf Erden mehr leidet.‹ Das ist ganz erstaunlich, denn genau das ist das Gelübde der Bodhisattvas. Ich fühlte mich von dieser kleinen Schwester, die ich von ganzem Herzen liebe, bestärkt.

Im Übrigen sehe ich keinen Grund dafür, dass ein Christ den Buddha nicht verehren sollte. War das nicht ein wunderbarer Mensch, der sein ganzes Leben gegeben hat, um das Leiden aller Wesen zu lindern? Auch heute gibt er uns seine Unterstützung, aber er ist nicht Gott und hat auch nie behauptet, es zu sein. Wir verehren ihn nicht wie ein Idol, er kann uns helfen, unsere christlichen Wurzeln wiederzufinden, wenn wir sie verloren haben. Thay weist immer wieder darauf hin. Ich bin sicher, dass sich Jesus und der Buddha verstanden hätten, wenn sie sich getroffen hätten. Haben denn nicht beide für das Wohl der Menschheit gewirkt?

Ich weiß aus Erfahrung, dass die Techniken Thich Nhat Hanhs mir helfen, die Lehre Jesu auf einer tieferen Ebene zu verstehen und zu leben. Sie verhelfen mir zu einer tiefen inneren Stille. Ich habe auch früher gebetet, aber das war wie der Versuch, mit jemandem bei einem Bankett zu reden. Es war laut, und man war immer abgelenkt, jetzt aber ist der Saal leer, und es herrscht Stille.«

Denn der Buddhismus ist vor allem Stille. Schwester Elisabeth betont das immer wieder. Der Buddha hat es stets abgelehnt, sich in endlose Diskussionen hineinziehen zu lassen, von denen seine Zeitgenossen so fasziniert waren. Er war auch nie bereit, über Gott zu sprechen. Und immer, wenn jemand versuchte, ihn in eine Diskussion über dieses brennende Thema zu verwickeln, weigerte er sich, darüber zu sprechen, und begnügte sich damit, zu versichern, dass es einen persönlichen Gott ebenso wenig gebe wie ein eigenständiges Selbst.

Was Schwester Elisabeth angeht, so sieht sie Gott als einen Ozean des Lebens, einen Ozean der Liebe, der überall und in jeder Erscheinung gegenwärtig ist.

Heutzutage kommt es nicht oft vor, dass eine Ehefrau und Mutter ins Kloster geht. Sie hatte Glück, denn ihre Kinder haben ihren Entschluss voll und ganz akzeptiert und ihre Mutter hergegeben.

»Auch sonst«, sagt sie, »habe ich bei meinen Eltern und allen meinen Freunden viel Hilfe und Unterstützung erfahren, nachdem ich meinen Entschluss gefasst hatte. Ich habe wunderbare Kinder. Virginie und François-Régis haben ein reiches Innenleben.«

Ihr Sohn hat Sitzmeditation geübt, und ihre Tochter bewies, wie Elisabeth sagt, große Reife und Klarheit in ihren Anschauungen. Als jemand sie kurz nach der Geburt dazu beglückwünschte, dass sie einem Kind das Leben geschenkt habe, antwortete sie: ›Ja, aber ich habe ihm auch den Tod gegeben. Denn jedes Kind, das geboren wird, ist dazu bestimmt, zu sterben.‹ Sie sagte das nicht mit Trauer oder Bitterkeit, sondern wie jemand, der zutiefst von der Vergänglichkeit allen Lebens überzeugt ist, jener Vergänglichkeit, die einer der Schlüsselbegriffe des Buddhismus ist.

Virginie hat Wert darauf gelegt, an der Seite ihres Bruders an der Ordination ihrer Mutter teilzunehmen, und es war ein wunderbares Fest. Im Jahr nach der Ordination bekam Elisabeth die Erlaubnis, ihre Kinder zu besuchen, und sie haben zusammen die Kommunion empfangen.

Denn für sie sind Christentum und Buddhismus zwei Wege, die beide zum großen Wunder der Verwandlung führen.

»Für mich«, bekräftigt sie, »ist der Buddha der Buddha, und Jesus ist Jesus. Sie sind wie zwei Wesen, die mich an der Hand halten, um mir zu helfen, auf meinem Weg voranzugehen. Christliche Freunde sagen mir oft, dass ich, wenn ich so etwas behaupte, außer Acht lasse, dass für die katholische Kirche Christus der *einzige* Sohn Gottes ist. Das trifft mich nicht, denn für mich ist Jesus wirklich der Sohn Gottes. Das ist klar. Aber der Buddha hat nie gesagt, dass er es sei, und ich liebe alle beide. Ich habe das Reine Land gefunden, wo alle Wesen ihr Bestes tun, um Schönheit, Güte und Freude auf die Erde zu bringen. An der Seite von Thay und des Sangha folge ich auch Jesus nach.«

Wenn sie das sagt, befindet sie sich in Übereinstimmung mit der Lehre Thich Nhat Hanhs, der ein Buch mit dem Titel *Buddha und Jesus heute* geschrieben hat und in *Changer l'avenir* sagt:

»Die fünf Übungen zur Achtsamkeit und die Drei Kostbarkeiten haben in allen religiösen Traditionen ihre Entsprechungen. Sie sind tief in uns angelegt, und sie zu praktizieren hilft, uns mehr in unserer eigenen Religion zu verankern. Ich hoffe, dass ihr, nachdem ihr die fünf Achtsamkeitsübungen und die Drei Kostbarkeiten studiert habt, zu eurer Ursprungsreligion zurückkehrt und die Kostbarkeiten erkennt, die dort bereits vorhanden sind. Die fünf Achtsamkeitsübungen sind die Heilmittel, die wir in unserer Zeit brauchen. Ich rate euch, sie so zu praktizieren, wie sie hier dargestellt werden, oder so, wie sie in eurer Tradition gelehrt werden.«

Diese Offenheit des Geistes, die absolute Toleranz und der Wunsch nach Harmonie zwischen den Religionen tragen viel dazu bei, eine Atmosphäre des Friedens zu schaffen, die dem Besucher sofort auffällt, wenn er das Village des Pruniers betritt. Hierher kann jeder kommen, ohne die Befürchtung, seine ursprüngliche Glaubensrichtung verleugnen zu müssen. Hierher kann man auch kommen, wenn man überhaupt keiner Glaubensrichtung angehört. Diese Freiheit ist eine Befreiung.

Eine letzte Aussage zu diesem so grundlegenden Thema macht Do-ji, ein Franzose, der seit fünfzehn Jahren buddhistischer Mönch ist, ein Mann mit einem offenen Lächeln, das ansteckend wirkt.

Geboren ist er in Algerien, in Tlemcen, einer Stadt, die Juden und Muslimen heilig ist. »Ich habe drei elementare Wurzeln«, sagt er, »und das Leben hat mich dazu gebracht, diese Wurzeln zu begießen. Es gibt die christliche Wurzel, meine Ursprungsreligion, die muslimische Erde, dort, wo ich geboren bin, und den Buddhismus, der mein Leben verwandelt und es mir erst möglich gemacht hat, auf meine tiefen Wurzeln zu stoßen. Wenn man in die Tiefe geht, treffen sich die religiösen Traditionen, und das Leben gewinnt eine andere Dimension.«

Woher hat er dieses innere Feuer? Er ist überzeugt davon, dass es von einer Schwester seines Großvaters auf ihn übergegangen ist, die er erst in ihrem hohen Alter erlebte und die im Stammhaus seiner väterlichen Familie in Burgund wohnte. Im Dorf wurde sie als Heilige betrachtet, und es hieß, ihr Haus sei das Haus des Barmherzigen Gottes, ein Ort, an dem die Armen immer eine Mahlzeit bekommen konnten. Sie starb, als er sieben Jahre alt war, aber ein Zisterzienserpater erklärte ihm, dass es oft Fälle von »seelischer Übertragung« gebe.

»Ich würde sagen, dass ich den Weg der inneren Umkehr einschlug, als ich begann, auf die Stimme tief in meinem Inneren zu hören«, sagt er. »Denn eines Tages kommt der Augenblick, in dem man nicht mehr wie die Gesellschaft, die Leute um einen herum, leben will. Plötzlich sagt man sich: Sieh an, hier ist dein Weg. Da fängt alles an. Ich habe lange geglaubt, dass mein spiritueller Weg begann, als ich Mönch wurde, aber das stimmt nicht. Das geschah schon früher.«

Do-ji erkennt heute, dass er einen weiten Weg gehen musste, um zu entdecken, was Spiritualität wirklich bedeutet. Für ihn geschah das über die Entdeckung des Körpers, denn er begann zunächst eine Karriere als professioneller Tänzer. Die Kunst der Bewegung schlug ihn sofort in ihren Bann. »Was ich erforscht habe«, sagt er, »war der Körper, die Bewegung mehr noch als den Tanz an sich. Ich begriff, dass der Tanz eine heilige Kunst ist. Es war etwas Sensationelles und Geheimnisvolles, als ich eines Tages den Ursprung der Bewegung in meinem Körper entdeckt habe, den Punkt, von dem alles ausgeht. (Es handelt sich um *hara*, einen Punkt, der ungefähr zwei Zentimeter unterhalb des Nabels liegt.) An diesem Tag oder vielleicht etwas später empfahl mir eine Freundin sehr dringend, ein Zen-Zentrum zu besuchen. Sie sagte mir, das sei ein Ort für mich. Ich wollte davon nichts wissen, aber sie blieb so beharrlich, dass ich schließlich ihrem Rat folgte.

Ich hatte das Glück, außergewöhnliche Lehrmeister zu finden, die stets sehr eindringlich auf die Vergänglichkeit hinwiesen. Immer wieder. Das hat mich geprägt, und das war lange bevor ich auf den Buddhismus stieß.«

Vergänglichkeit oder Unbeständigkeit, wieder taucht dieses Schlüsselwort des Buddhismus auf, und bei einem Meister des Tanzes wird er es in seiner ganzen Tiefe entdecken. »Wenn man in die Kunst der Bewegung eindringt, dann macht man das durch Bewegungsübungen, durch Abfolgen, die manchmal schwer zu behalten sind. Das Originelle an der Methode dieses Lehrers bestand darin, dass man, sowie man anfing, eine Bewegung etwas zu beherrschen, sofort zu etwas anderem übergehen musste. Unsere natürliche Neigung wäre es gewesen, diese Bewegung bis zur Perfektion zu wiederholen, aber nein, der Meister lehrte uns sofort etwas anderes, wobei er das, was wir gelernt hatten, auflöste, um es zu verwandeln. Das war das Herzstück der Lehre: Der Geist sollte sich unaufhörlich anpassen. Als ich den Buddhismus kennen lernte, begriff ich darum sehr schnell, was Vergänglichkeit bedeutet.«

Tatsächlich war er, als er sich mit dem Buddhismus befasste, derart begeistert, dass er sehr schnell nach Japan ging. Dort wurde er Mönch und blieb neun Jahre lang bei seinem Meister, bevor er wieder nach Frankreich fuhr, um seine Familie zu besuchen.

Nach kurzer Zeit rief ihn eine Nonne aus derselben spirituellen Gemeinschaft an und sagte ihm: »Ich bin im Village des Pruniers bei einem ganz außergewöhnlichen Meister. Du musst herkommen.« Er fing an zu protestieren: »Ich komme aus einem japanischen Kloster, wo ich neun Jahre verbracht habe. Jetzt habe ich einen Monat Ferien, und du willst, dass ich einen Teil davon in einem französischen Kloster verbringe!« Aber die Freundin bestand so sehr darauf, dass er schließlich ja sagte.

»Bei meiner Ankunft«, erinnert er sich, »geschah alles ganz unmittelbar. Als ich Thay traf, begriff ich sofort. In den neun Jahren hatte ich viele Zen-Meister erlebt, an vielen Unterweisungen und Zeremonien teilgenommen, und ich fühlte unmittelbar, dass ich einen Meister von Format vor mir hatte, einen Menschen von großer Tiefe und Einfachheit, der noch dazu, was ganz wunderbar war, perfekt Französisch sprach. Dieser Meister hatte schon erreicht, was ich mir zum Ziel gesetzt hatte. Er wusste, wie man gehen, essen, sprechen muss, wie man alle Handlungen des täglichen Lebens auf die richtige Art und Weise vollzieht.«

Voller Begeisterung kehrte er nach Japan zurück, um seinen Meister zu bitten, bei Thay bleiben zu dürfen und seine vollständigen Gelübde abzulegen.

Er lacht. Er hat während unserer Unterhaltung schon viel gelacht, und später, als wir uns gelegentlich trafen, lachte er auch wieder. Er macht den Eindruck eines glücklichen Mönchs, eines vollendeten Buddhisten. Was ihn nicht daran hindert, sich heute mehr als Christ zu fühlen als je zuvor, denn bevor er den Buddhismus kennen lernte, gesteht er, habe er die Kirche aus dem Blick verloren. Jetzt nähert er sich ihr wieder an.

Die Bibel erschien ihm als sehr hermetisches Buch, voller Gewalt, schwer zu verstehen und letzten Endes ziemlich uninteressant.

Später begann er dann mit Erlaubnis von Thich Nhat Hanh, das benachbarte Kloster von Sainte-Croix zu besuchen. Er durfte Pater Philippe, den Abt dieses Klosters, einladen, im Rahmen eines Dialoges zwischen den Klöstern im Village des Pruniers zu sprechen.

»Die Reden, die er hielt, haben einen bleibenden Eindruck in unserer Gemeinschaft hinterlassen. Die Vietnamesen hatten ja eine etwas eingeschränkte Vorstellung vom Christentum, das erklärt sich durch die blutigen Ereignisse in ihrem Land. Der Süden hatte eine katholische Regierung, die die Buddhisten aufs Schärfste unterdrückte. Durch diese und die noch folgenden Begegnungen wurde die Sichtweise der Vietnamesen, die hier lebten, und auch meine eigene vollkommen verändert. Wie sie auch habe ich die Bibel entdeckt, vor allem durch die Vorträge von Annick de Souzenelle.«

Und da Do-ji keine halben Sachen macht, studiert er die Bibel auf Hebräisch. Dieser Anhänger des Buddha begeistert sich für die Genesis, in der er die Geschichte seines eigenen Geistes hier und jetzt erkennt. Thich Nhat Hanh ermutigt ihn bei dieser Suche, er, der seinen Schülern, die vom Christentum herkommen, immer wieder sagt: »Ihr habt Schätze in eurer Ursprungstradition.«

»Dieser Satz«, sagt Do-ji zum Abschluss, »ist mir jetzt klar geworden, und ich bin Thay unendlich dankbar für diese großartige Entdeckung.«

5

EIN ABKOMMEN MIT SEINER TREPPE SCHLIESSEN

Es sind an die hundert, die in der Morgenfrische gemessenen Schrittes auf dem kleinen Pfad voranschreiten. Eine merkwürdige Schweigeprozession, die etwas schwerfällig hinter Thich Nhat Hanh herzieht. Sein Gesichtsausdruck ist von gelassener Heiterkeit, und man hat das Gefühl, dass er jeden seiner Schritte genießt und den Fuß mit Andacht auf den weichen Boden setzt. Jemand wird später sagen: »Er geht wie ein Fürst!«, und es ist wahr, dass er den Eindruck souveräner Freiheit vermittelt.

Wenn die Bauern diesen Zug auf den Wegen und kleinen Straßen in der Umgebung des Klosters vorbeiziehen sahen, fragten sie sich lange Zeit, was denn da los sei. Es handelt sich dabei um eine der wichtigsten Aktivitäten, die im Village des Pruniers praktiziert werden: das meditative Gehen oder die Gehmeditation. Eine Tätigkeit, die, wie Thay betont, ebenso wichtig ist wie die Sitzmeditation.

An diesem Morgen waren wir in Loubès-Bernac, wo sich das Frauenkloster befindet, dessen Äbtissin Schwester Gina ist. Die Mönche und Nonnen der anderen Klöster waren mit dem Minibus gekommen, um an dieser Übung teilzunehmen. Mit konzentriertem Gesichtsausdruck und sparsamen Bewegungen schritten sie voran und passten ihren Gang der Atmung an, jeder in seinem eigenen Rhythmus. Es gibt auf diesen Märschen immer einen kurzen Halt, diesmal fand er am Rand eines Bächleins statt, und es war so still, dass man meinte, es murmeln zu hören. Dann ging es wieder weiter.

Wichtig ist, sich der Tatsache, dass man geht, vollkommen gewahr zu sein, in einem solchen Grade, dass die innere Unruhe, der wir fast immer unterworfen sind, schließlich aufhört. Dann wird es möglich, den Augenblick zu genießen.

Am selben Tag erklärt Thay bei der täglichen Unterweisung, die er während des frankophonen Retreats gibt:

»Wenn ihr geht, geht wirklich. Ihr müsst euch hundertprozentig auf das Gehen einlassen. Im Alltag müsst ihr jeden Tag gehen, um von einem Punkt zum anderen zu kommen. Warum macht ihr aus diesem Gehen keine Meditation? Beobachtet einmal die Mönche und Nonnen von Village des Pruniers. Auch außerhalb der Gehmeditationen, bei ihren normalen Beschäftigungen, gehen sie wirklich und sprechen nicht. Denn in Wahrheit könnt ihr, wenn ihr geht, nicht sprechen. Oder ihr könnt vielmehr wie eine Maschine gehen, aber nicht wie jemand, der meditiert. Eins nach dem anderen.

Wenn ihr jemandem etwas sagen wollt, dann haltet an und konzentriert euch hundertprozentig auf das, was ich eure gesprochene Meditation nenne.

Und wenn ihr dann ausgesprochen habt, was ihr auf dem Herzen hattet, dann beginnt ihr wieder zu gehen. Alles zu seiner Zeit, Gehen oder Sprechen, man muss wählen. Man kann nicht beides gleichzeitig machen.

Wenn ihr wieder zu Hause seid, könnt ihr das in eurem Alltag leben. Wenn ihr von daheim zur Busstation geht, könnt ihr meditatives Gehen praktizieren. Auch wenn um euch herum Unruhe herrscht, könnt ihr im Rhythmus eurer Atmung gehen und während ihr geht Freude, Harmonie, das Lächeln und das Glück erfahren. Das bedeutet, jeden Moment eures Alltags zutiefst zu erleben. Das alles ist möglich.

Im Village des Pruniers hat jeder von uns eine Vereinbarung mit seiner Treppe getroffen. Wenn ihr die Treppen hochsteigt, könnt ihr meditatives Gehen und bewusstes Atmen praktizieren und so die Treppe hinauf- oder heruntergehen, dass euch jeder Schritt Freude, Stabilität und Frieden verschafft. Wenn ihr merkt, dass ihr einen oder mehrere Schritte automatisch hochgestiegen seid, dann könnt ihr wieder heruntersteigen und neu beginnen. Ich habe solch eine Vereinbarung mit meiner Treppe getroffen, und ich mache das jetzt seit zwanzig Jahren, es hat mir viel Freude verschafft.

Wenn ich auf einen Berg klettere oder in ein Flugzeug steige, benutze ich die gleiche Methode. Wo ich auch hinkomme, praktiziere ich die Gehmeditation. Warum versucht ihr es nicht auch einmal? Auch ihr könnt eine Abmachung mit eurer Treppe treffen. Ihr werdet sehen: Nach einigen Wochen habt ihr wirklich Fortschritte gemacht. Ihr werdet fähig, jeden Schritt zu genießen. Auch das ist etwas, das möglich ist.«

»Das ist möglich!« Dieser kleine Satz taucht immer wieder in den Unterweisungen von Thich Nhat Hanh auf, und für die, die schon einige Zeit dabei sind, ist es eine wunderbare Ermutigung. Es gibt so viele Lehren, die hoch gesteckte Ziele propagieren. Hier kann man gleich beginnen und auch mit einfachen Gesten anfangen. Und wenn man in mechanischen Trott verfällt, kann man immer wieder von vorn beginnen, ohne dabei Schuldgefühle zu entwickeln.

Auf diese Weise kann man jeden Tag etwas mehr Bewusstsein entfalten. Und das ist für jeden erreichbar. Nicht in ferner Zukunft, sondern »hier und jetzt«.

Das Gleiche gilt für alle Alltagshandlungen.

Für die Mahlzeiten beispielsweise.

In den Esssälen des Village des Pruniers wird jede Geste zu einer stillen Zeremonie. Teller, Becher und Besteck in der Hand, reiht man sich zunächst in die Schlange vor den Tischen aus Brettern ein, auf denen die Schüsseln stehen. Es gibt verschiedene Getreidesorten, Gemüse, manchmal Eier, oft ein Dessert, und das Essen ist gesund, wohlschmeckend und sorgfältig zubereitet.

Jeder muss warten, bis er an der Reihe ist, und manchmal, zumindest bei den Retreats, die für Ausländer offen sind, kann das sehr lange dauern. Aber was macht das schon! Dieses Warten ist eine gute Gelegenheit, zu praktizieren, nicht ungeduldig zu werden, sich zu sammeln und auf den Augenblick konzentriert zu sein.

Man geht langsam voran, und nachdem einem aufgetan worden ist, lässt man sich an einem der Tische nieder, an denen schon mehrere sitzen. Man stellt den Teller auf seinen Platz und verneigt sich vor ihm. Diese Geste ist keine leere Formalität, sondern eine Art und Weise, sich zu erinnern, dass dieses Essen alle Reichtümer und alle Wunder des Kosmos in sich trägt. Man kann daran denken, wie viel Zeit und Mühe nötig waren, damit dieses Essen auf den Teller kommen konnte. An die Vorbereitung des Bodens, an die Saat, an das langsame Reifen des Getreides und des Gemüses, an die Erde, die Sonne und den Regen und an die Mühen der Menschen bei wechselnden Wetterlagen. Ja, der ganze Kosmos ist darin enthalten, und man empfindet unwillkürlich ein Gefühl der Dankbarkeit für dieses einfache Essen.

Es wird wieder gewartet, denn außer an den Tagen, an denen tatsächlich zu viele Menschen da sind, beginnt man erst zu essen, wenn alle etwas bekommen und sich gesetzt haben.

Man soll langsam kauen, das hilft nicht nur, besser zu verdauen, sondern auch einen Augenblick des Friedens zu leben.

Es ist immer dasselbe, und das ist Zen: Wenn man isst, dann isst man und macht nichts anderes.

Dennoch wird auf die menschlichen Schwächen Rücksicht genommen, denn manchmal, nicht immer, ertönt ein Gong am Ende der Mahlzeit, und das ist das Zeichen dafür, dass man mit seinen Nachbarn ein paar Worte wechseln kann, unter der Bedingung, dass keine erregten und lauten Gespräche geführt werden.

Diese Mahlzeiten sind wirklich Meditationen, und wenn sich das Gefühl des Ungewohnten gelegt hat, wird man sich schließlich bewusst, dass diese Art zu essen ein großes Glück ist.

Glück ist es auch, abzuwaschen, denn jeder spült hier sein Geschirr selber. Dazu muss man wieder anstehen, das Geschirr in vier nebeneinander stehende Becken tauchen, es abtrocknen und an seinen Platz zurückstellen.

So wird der ganze Tag zur Meditation. Man spricht sogar von der »Meditation der Arbeit«. Denn jeder macht eine Arbeit. An der Wand des Esssaals hängt eine große Tafel, auf der angegeben ist, welche Arbeit jeder im Laufe des Tages zu verrichten hat: Küche, Abwasch der großen Schüsseln, Putzen, Instandhalten des Gartens und der unmittelbaren Umgebung ...

An Arbeit fehlt es nicht, und sie soll schweigend und mit Gelassenheit verrichtet werden. Am ersten Tag fällt das noch schwer, so stark sind unsere Angewohnheiten, dieses Bedürfnis, rasch zu gehen und das, was zu tun ist, so schnell wie möglich hinter uns zu bringen. So schnell wie möglich, aber warum? Ist nicht das Wesentliche dabei, sich dessen bewusst zu sein, was man tut? Bewusstsein, das ist das Wort, das Thay in seinen Unterweisungen nicht müde wird zu wiederholen: Bewusstsein, Bewusstsein, Bewusstsein ...

Hören wir zu, denn es sind heilsame Worte:

»Die Meditation ist etwas, das man ins Alltagsleben, in welchem Moment auch immer, einbringen kann. Wenn ihr die Pflanzen in eurem Garten begießt, könnt ihr dabei sehr gut auf eure Atmung achten, ihr könnt eure Achtsamkeit entwickeln und wirklich im gegenwärtigen Augenblick leben, die Dinge eingehend betrachten. Ihr könnt die Pflanzen anschauen und mit ihnen sprechen. Das ist schon Meditation. Selbst wenn ihr Auto fahrt, könnt ihr meditieren ... Das bringt euch Frieden.

Was ist der Frieden? Die Abwesenheit von Konflikten und Gewalt, das Vorhandensein von Harmonie und Wohlbefinden. Der Frieden kann sich herausbilden, denn wir tragen in unserem Körper und in unserem Geist die Samen des Friedens. Wir müssen zuerst dieses Samenkorn in uns erkennen, es immerzu berühren und ihm helfen, Gestalt anzunehmen.«

Je länger der Retreat dauert und je mehr Unterweisungen wir hören, desto mehr begreifen wir, wie sehr unser Leben bis jetzt aus Gewalt bestanden hat. Gewalt, derer wir uns nicht bewusst werden, denn sie ist alltäglich und in jedem Augenblick vorhanden. Ist es nicht Gewalt, die wir unserem Körper antun, indem wir ihn ständig antreiben, überreizen, ihm Nahrungsmittel zuführen, die nicht gut für ihn sind? Dabei sollten wir unseren alten Freund, den Körper, pfleglich behandeln.

»Ihr habt euren Körper vernachlässigt«, fährt Thay fort, »ihr habt ihn leiden lassen, zu viel gegessen, getrunken, geraucht ... Ja, ihr habt ihn sehr leiden lassen, und der Moment ist gekommen, sich wieder mit ihm zu versöhnen. Das könnt ihr machen, indem ihr das bewusste Atmen einsetzt: Ich atme ein, ich bin mir meines Körpers bewusst; ich atme aus, ich lächle meinem Körper zu.«

Es ist gut, immer wieder auf das Sutra des Buddha über die Achtsamkeit zurückzukommen. Denn das muss nachdrücklich betont werden: Thich Nhat Hanhs Lehre stammt nicht von ihm selbst. Er ist keiner dieser Gurus, die ihre persönliche Doktrin kreieren und dabei von ihren Erfahrungen und ihrem eigenen Verständnis ausgehen. Was er sagt, ist unmittelbar von der Lehre des Buddha abgeleitet; es ist Buddhismus im Reinzustand. Der Buddha selbst hat die Methode der Atmung ausgearbeitet, mit der Vollkommene Achtsamkeit entwickelt werden kann. Das ist jetzt bald 2600 Jahre her, und Thich Nhat Hanh hat nur, wie viele vor ihm, diese Lehre der Epoche, in der er lebt, angepasst.

Der Buddha schlägt vor, so zu atmen:

»Bei der ersten Atmung übt ihr: Lange einatmend, weiß ich, dass ich lange einatme. Lange ausatmend, weiß ich, dass ich lange ausatme.

Bei der zweiten Atmung übt ihr: Kurz einatmend, weiß ich, dass ich kurz einatme. Kurz ausatmend, weiß ich, dass ich kurz ausatme.

Mir diesen beiden Atemzügen könnt ihr der Unaufmerksamkeit und unnützen Gedanken ein Ende bereiten, gleichzeitig könnt ihr damit Vollkommene Achtsamkeit aufsteigen lassen und euch mit dem Leben im gegenwärtigen Augenblick in Kontakt bringen.

Unaufmerksamkeit ist die Abwesenheit von Vollkommener Achtsamkeit. Wenn ihr in Vollkommener Achtsamkeit atmet, könnt ihr zu euch selbst und zum Leben zurückkommen.«

Dann folgen noch vierzehn andere Atmungen, die uns ermöglichen, uns unseres Körpers bewusst zu sein, ihn zu beruhigen, uns heiter und glücklich zu fühlen, uns unserer falschen Wahrnehmungen bewusst zu werden, die Unruhe in uns zu dämpfen, uns unseres Geistes bewusst zu werden, den Geist zu konzentrieren, zu befreien, die vergängliche Natur aller Dharmas zu betrachten, das Verschwinden des Verlangens zu beobachten, die Auslöschung des Verlangens, das Loslassen. Und diese lange Übung endet so: »Wenn ihr einmal dieses Loslassen und diese Befreiung erreicht habt, dann kann euch nichts mehr in Fesseln halten.«

Vor allem muss man verstehen und betonen, dass es sich nicht um das Atmen allein, sondern um das bewusste Atmen handelt. Das ist eine große Befreiung. Daran ist nichts kompliziert, es gibt keine grandiosen Theorien, keine endlose Schulung, keine schwierige Askese. Um es noch einmal zu wiederholen, das einzige Geheimnis dabei ist, bewusst zu atmen. Und wenn während dieses Atmens ein Gedanke auftaucht, dann genügt es, ihn vorbeiziehen zu lassen, ohne ihn zu unterdrücken, und wieder zurückzukehren. So oft, wie es nötig ist.

Thich Nhat Hanh weist gerne und oft darauf hin, dass bewusstes Atmen wie ein Laserstrahl ist. Man kann es nach Belieben auf die verschiedenen Körperteile lenken. Zum Beispiel auf die Augen: »Ich atme ein und werde mir meiner Augen bewusst; ich atme aus und lächle meinen Augen zu.« Wir sehen unsere Augen allzu oft als etwas Selbstverständliches an, dabei sind sie ein Wunder, und wir müssten ihnen dankbar sein für die Dienste, die sie uns erweisen, und für die Freuden, die sie uns schenken. Wir können sie bei der gleichen Gelegenheit um Verzeihung bitten für das, was wir ihnen antun, wenn wir sie zu lange arbeiten lassen und sie unter schlechten Bedingungen leiden lassen.

Das Gleiche können wir bei jedem unserer Organe tun. Thay weist besonders auf das Gehirn hin.

»Ihr habt euer Gehirn zu sehr arbeiten lassen. Ihr habt es gezwungen, Tag und Nacht in Betrieb zu sein, sogar während eurer Ruhepausen. Immerzu Gedanken, Phantasien, Ideen,

Wahrnehmungen ... Wir kennen keine Methoden, um unserem Gehirn die Chance zur Erholung zu geben. Wir hören nicht auf, zu denken oder über etwas nachzudenken, und die Gedanken und Überlegungen sind nicht immer hilfreich. Wir denken an Dinge, die in uns Verzweiflung, Hass und Mutlosigkeit hervorrufen, und trotzdem hören wir nicht auf, weiter daran zu denken. Das ist wie bei einem Fernseher, der immer an ist. Er wird heiß. Auch euer Kopf wird heiß, wenn ihr immerzu so denkt und grübelt. Dann fällt es euch schwer, einzuschlafen. Wenn ihr nicht schlafen könnt, bekommt ihr Angst und geht zum Arzt, damit der euch Tabletten verschreibt. Ihr tut eurem Gehirn und eurem Körper Zwang an; ihr schlaft vielleicht, aber eure Gedanken und Überlegungen gehen weiter, und ihr habt Träume, die nicht angenehm sind, denn in den Träumen leidet ihr weiterhin. Es gibt dann überhaupt keine Ruhepause mehr. Ihr solltet lernen, euch zu erholen. Denn ihr solltet freundlich mit eurem Gehirn umgehen.«

Freundlich zum Körper sein ... Davon ist im Village des Pruniers oft die Rede. Es ist eine ungewohnte Ausdrucksweise, die in uns einen unerwarteten Bewusstseinsprozess auslöst. Es stimmt, dass wir bei den Abertausend Alltagshandlungen oft nicht nett zu unserem Köper sind. Andauernd treiben wir ihn an, überanstrengen ihn, zwingen ihm Aufgaben und Rhythmen auf, die ihm nicht entsprechen, und was das Schlimmste ist: Wir verlieren schließlich das Bewusstsein dafür, dass er da ist. Wir sind uns nicht einmal der Glücksgefühle bewusst, die er uns schenkt. Natürlich haben wir Schmerzen, wenn unser Körper lange Zeit schlecht behandelt wurde. Wenn das eintritt, nehmen wir unseren Körper wahr. Dabei sollten wir uns seiner bewusst sein, wenn alles in Ordnung ist.

In Vollkommener Achtsamkeit zu atmen heißt, dass wir uns unseres ganzen Körpers bewusst sind.

Wenn er so von der bewussten Atmung spricht, gerät Thay in Begeisterung. Wir sind beim Kern seiner Lehre angelangt, und unter den Teilnehmern des Retreats breitet sich ein starkes Glücksgefühl aus, während sie ihm zuhören:

»Wenn man bewusstes Atmen praktiziert, konzentriert man sich nur auf die Atmung. Alls andere fällt weg. Wenn wir atmen, ist unsere Aufmerksamkeit nur auf das Ein- und Ausatmen gerichtet. Das ist kein Gedankenkonstrukt. Ich atme ein und weiß, dass ich jetzt einatme.

Ich atme aus und weiß, dass ich jetzt ausatme. Man kann sich beim Einatmen ebenso freuen wie beim Ausatmen, denn Atmen zu können ist einfach wunderbar. Es ist ein Mysterium. Es beweist, dass wir noch am Leben sind. Tote können nicht mehr atmen. Atmet also, und werdet euch bewusst, dass ihr noch lebt.

Ich atme ein und weiß, dass ich lebe; ich atme aus und lächle dem Leben zu. Das gibt uns Freude und Glück. Jede Minute, die uns zum Leben gegeben ist, ist ein großes Geschenk des ganzen Kosmos ... Denkt nicht, überlegt nicht, vertieft euch ins Einatmen, dann kann die Freude hervorströmen. Ich atme ein und weiß, dass mein Einatmen ruhiger geworden ist; ich atme aus und weiß, dass mein Ausatmen ruhiger geworden ist. Durch diese Übung verbessert sich die Qualität der Atmung und durchdringt euren Körper und euren Geist.«

Kann es eine Lehre geben, die einfacher wäre? Und trotzdem ... Wir atmen seit unserer Geburt, das heißt, wir haben schon viele hunderttausend Male geatmet. Immer unbewusst. Wir wissen nicht einmal, dass wir atmen, wir denken nie daran. Und plötzlich öffnet sich ein spiritueller Weg: Es genügt, bewusst zu atmen, zu wissen, dass man atmet, damit sich Ruhe einstellt und Freude aufsteigt. Das sind keine Ideen, sondern Erfahrungstatsachen.

Während des Vietnamkrieges hat Schwester Chan Khong oft schwere, manchmal ganz entsetzliche Augenblicke erlebt. In ihrem Buch *Aus Liebe zu allen Wesen* beschreibt sie, wie sie, wenn sie schlimme Nachrichten bekam – und das geschah oft –, anfangs von Verzweiflung überwältigt wurde, wie alle anderen auch. Statt das Geschehen mental zu verarbeiten und sich ängstliche Fragen zu stellen, begann sie dann, mit kleinen Schritten zu gehen, und nahm dabei ihren Atem wahr. Wenn die Nachricht sehr schlimm war, dauerte es manchmal eine Weile, aber nach einer gewissen Zeit fühlte sie, dass sie wieder ruhig wurde. Dann und erst dann traf sie eine Entscheidung, die die einzig richtige war und aus ihrem tiefsten Innern kam. Im täglichen Leben erscheint uns eine solche Disziplin schwierig, und wir haben sogar das Gefühl, das sei unmöglich, aber mit etwas Beharrlichkeit wirkt das immer. Schließlich stellt sich Harmonie ein, Körper und Geist beruhigen sich wieder. Das verdankt sich der Praxis der bewussten Atmung.

Warum stellt sich auf diese Weise Harmonie ein? Weil Körper und Geist eine Einheit bilden – da liegt das große Geheimnis.

Thich Nhat Hanh betont immer wieder: Unser Körper und unser Geist brauchen vor allem Ruhe. Heutzutage leben die meisten unserer Zeitgenossen unter einem enormen Druck. Sie regen sich auf, hetzen in alle Richtungen, reagieren heftig auf Aggressionen und lassen sich von lauter Ängsten in Beschlag nehmen.

So scheint die Situation des Menschen zumindest heute zu sein, und alles läuft darauf hinaus, dass es noch schlimmer wird. Diese Zwangsläufigkeit muss man durchbrechen und seinem Körper und seinem Geist das Recht auf Ruhe zugestehen. Darum ist die bewusste Atmung, so wie sie im Village des Pruniers praktiziert wird, auch eine Heilmethode.

Ihr fühlt euch nicht gut, ihr habt Beschwerden, und schon eilt ihr zu eurem Medizinschränkchen, und wenn es etwas länger dauert, zum Arzt. Ihr macht euch verrückt, denkt das Schlimmste, stopft euch mit Medikamenten voll, mit Neuroleptika ... Ihr vergesst das Wesentliche, dass nämlich die Natur klug eingerichtet ist, dass der Körper die Fähigkeit hat, sich selbst zu heilen, und dass man ihm diese Chance geben muss.

Wenn ihr in Vollkommener Achtsamkeit atmet, wenn ihr euch etwas Zeit lasst, wenn ihr Körper und Geist Ruhe gönnt, dann kann alles in Ordnung kommen. Meistens bedeutet der eilige Griff zu Medikamenten, dass ihr eurem Körper Gewalt antut, Gewalt, die ihn letzten Endes daran hindert, sich auf natürliche Weise zu heilen.

Selbstverständlich muss man zum Arzt gehen, wenn es absolut notwendig ist, aber zunächst muss man, immer, wenn das möglich ist, Körper und Geist die Gelegenheit geben, sich selbst zu heilen, und in den meisten Fällen geschieht das auch.

Jedes Mal, wenn ihr fünf oder zehn Minuten zur Verfügung habt, rät Thay, könnt ihr sie nutzen, um euch völlig zu entspannen oder die bewusste Atmung zu praktizieren. Auch beim Sitzen und selbst in eurem Büro. Eure Arbeit wird dadurch nur effektiver werden. Aber dazu muss man »dem Sog des Normalen widerstehen und sich vor Erschöpfung zu schützen wissen«.

Das gilt auch für den Urlaub. Heutzutage können die meisten Menschen, zumindest in den westlichen Ländern, drei Wochen oder einen Monat Urlaub nehmen. Sie fahren tausende von Kilometern auf verstopften Straßen, stürzen sich im Urlaub vermehrt auf Aktivitäten, so dass sie oft erschöpfter zurückkommen, als sie losgefahren sind. Sie kämen sehr viel erholter zurück, wenn sie ihre Ferien dazu nutzen würden, bewusstes Atmen, Meditation im Gehen oder Sitzmeditation zu praktizieren.

Dazu muss man wissen, wie man atmet, und erst einmal keinen Einfluss nehmen, die Atmung einfach geschehen lassen, so wie sie kommt, ohne ihr einen anderen Rhythmus aufdrängen zu wollen. Wenn die Atemzüge kurz sind, sind sie eben kurz; wenn sie lang sind, dann eben lang. Es genügt, sich dessen bewusst zu werden, dass der Atem da ist, seinen Ablauf nimmt, dass er ein Lächeln ist, das uns Ruhe und Frieden bringt, und gleichzeitig den Sauerstoff transportiert, der unsere Zellen regeneriert.

Jeden Augenblick geschieht wirklich ein Wunder. So gehen wir seit unserer Geburt von einem Wunder zum anderen. Es wird Zeit, dass wir beginnen, uns dessen bewusst zu werden.

Das bringt uns zur Meditation, die selbstverständlich die wichtigste Aktivität im Village des Pruniers darstellt. Eine ganz besondere Meditation, deren Basis das eingehende Betrachten ist. Wir haben schon davon gesprochen, aber wir sollten jetzt etwas mehr in die Tiefe gehen.

Man kann über alles meditieren, oder vielmehr von allem ausgehen. Von einer Blume, einer Wolke, dem Lächeln eines Kindes, einem Blatt oder auch einem Kieselstein. Es genügt, das alles mit dem berühmten tiefen Blick zu betrachten, von dem bei Thich Nhat Hanh immerzu die Rede ist.

Betrachten wir zum Beispiel eine Rose. Wir haben sie vor Augen, frisch und wunderschön. Uns gefällt ihre Farbe, wir atmen ihren Duft ein und denken, dass sie gerade erst erblüht ist und in ein paar Tagen verwelkt sein wird. In Wahrheit hat sie immer existiert und wird nie aufhören zu sein. Sie existierte im Samenkorn des Rosenstocks, aus dem sie und all die anderen ihrer Generation entsprossen sind. Sie hat sich manifestiert, als alle Bedingungen für ihre Manifestation gegeben waren.

Das gilt auch, wenn sie verwelkt. Hören wir Thay berichten, was dann passiert:

»Wenn die Blume verwelkt, weiß sie, dass sie sich erneuern wird. Sie wird sich zersetzen, um wieder zu Erde zu werden, und wartet dabei auf eine neue Manifestation. Sie kehrt zum Ursprung zurück, um sich von neuem zu manifestieren. Denn ihr Erscheinen auf einem Stängel ist nicht wirklich eine Geburt. Es ist eine Manifestation, und das Verwelken der Rose ist kein Tod, kein Verlust, sondern die Beendigung einer Manifestation, um einer anderen Platz zu machen.«

Das gilt für alle Wesen, alle Pflanzen, alle Bäume, alle Tiere und alle Menschen, und so wird auch erklärlich, was auf den Mauern der drei Klöster auf einem Schild zu lesen ist: »Ihr seid keine Schöpfung, sondern eine Manifestation.«

Das ist mit dem tiefen Hinschauen gemeint, und das verändert alles, auch wenn man sein eigenes Schicksal betrachtet. Ich sehe, dass ich schon in meinen Vorfahren existiert habe und dass ich wieder in meinen Nachkommen existieren werde. Denn ich bin nie geboren worden, und ich werde nie sterben. Als alle Bedingungen zusammengekommen waren, damit ich mich manifestieren konnte, habe ich mich manifestiert. Das ist alles. Wenn ich das in seiner ganzen Tiefe nachvollziehen kann, habe ich keinen Grund mehr, mich vor dem Tod zu ängstigen.

Der Zeitpunkt ist gekommen, auch wenn es etwas lange gedauert hat, den Text von Thay im Zusammenhang zu zitieren. Viele, die wir gefragt haben, warum sie sich für die Lehre Thich Nhat Hanhs interessiert haben, haben diese Meditation über ein Blatt Papier genannt. Es handelt sich um einen Text, der einfach und klar und trotzdem so profund ist, dass er das Wesentliche des Buddhismus zu enthalten scheint.

Er geht von einem einfachen Blatt Papier aus, das Thay der Versammlung zeigt, bevor er seine Demonstration beginnt. Eine Demonstration, die zugleich eine der tiefsten Meditationen darstellt.

»Wenn ihr Dichter seid, werdet ihr in diesem Blatt eine Wolke ziehen sehen. Ohne Wolken gibt es keinen Regen, und ohne Regen können die Bäume nicht wachsen, und ohne Bäume kann man kein Papier herstellen. Die Wolke ist also wesentlich für die Existenz des Papiers. Wenn es keine Wolken gibt, gibt es auch kein Papier. Wir können also sagen, dass Wolke und Papier im Intersein verbunden sind. Das ist ein Wort, dass es in keinem Wörterbuch gibt, aber man muss nur das Präfix ›inter‹ mit dem Verb ›sein‹ verbinden, um diesen neuen Begriff zu erhalten: Intersein.

Wenn wir dieses Blatt Papier noch tiefer betrachten, werden wir darin auch die Sonne entdecken. Ohne Sonne gibt es keine Wälder. Nichts kann ohne Sonne wachsen. Wir können also daraus schließen, dass auch die Sonne in diesem Blatt Papier ist. Papier und Sonne sind im Intersein verbunden. Und wenn wir unseren Blick noch tiefer gehen lassen, dann sehen wir den Holzfäller, der den Baum gefällt und zur Fabrik transportiert hat, damit er dort zu Papier verarbeitet wird. Wir sehen auch den Weizen. Wir wissen, dass der Holzfäller ohne sein täglich Brot nicht existieren kann, und wir sehen, dass auch der Weizen, aus dem das Brot gemacht wurde, in diesem Blatt Papier ist. Ebenso der Vater und die Mutter des Holzfällers. Wenn wir auf diese Art und Weise hinschauen, sehen wir, dass ohne das alles das Blatt Papier nicht existieren kann.

Wenn wir noch tiefer schauen, sehen wir uns selbst in diesem Blatt Papier. Das ist nicht schwer, denn das Blatt, das wir betrachten, gehört zu unserer Wahrnehmung. Euer Geist ist darin, wie der meinige auch. Wir können sagen, dass alles in diesem Blatt Papier ist. Es gibt nichts, was nicht darin wäre – Zeit, Raum, Erde, Regen, Minerale, Sonne, Wolken, Wasser und Wärme, alles ist darin. Darum sollte ›Intersein‹ im Wörterbuch stehen. Denn Sein ist Intersein. Wir können nicht ganz allein existieren, wir müssen mit allem, was ist, im Intersein verbunden sein. Wenn dieses Blatt Papier vorhanden ist, dann ist auch alles Übrige vorhanden.

Wenn wir nun eines dieser Elemente auf seinen Ursprung zurückführen wollten, die Sonnenstrahlen zum Beispiel, was wäre dann? Glaubt ihr, dass das Blatt Papier dann weiterhin existieren könnte? Natürlich nicht, denn nichts kann ohne die Sonnenstrahlen sein. Und wenn wir den Holzfäller herausnähmen, ihn in die Zeit vor seiner Empfängnis zurückkehren ließen, dann gäbe es auch kein Blatt Papier.

Wir sagen also: Es ist aus ›Nicht-Papier‹-Elementen gemacht. Und wenn wir diese Elemente auf ihren Ursprung zurückführen, den Geist, den Holzfäller, die Sonnenstrahlen usw., dann gäbe es kein Papier.

So klein, wie es ist, enthält dieses Blatt Papier doch alle Elemente des Universums.«

Alle Elemente des Universums in einem einzigen Blatt Papier, das erscheint verrückt, und trotzdem – ist das nicht eine stichhaltige Beweisführung? Das ist es doch ..., oder?

Wenn man diesen Text gelesen und wirklich verstanden hat, kann man ohne Übertreibung sagen, dass alle Punkte der Lehre von Thich Nhat Hanh nur Variationen dieses Kardinalthemas sind.

Zum Beispiel folgende Variation, die von der Flamme ausgeht. Man muss Thay sehen, wie er der Versammlung eine Schachtel Streichhölzer zeigt, sie öffnet, ihr ein Streichholz entnimmt und sagt: »Die Flamme ist noch nicht vorhanden, aber wenn ich das Streichholz mit einem tieferen Blick betrachte, sehe ich sie schon brennen. Sie ist noch nicht da, aber es sind alle Bedingungen dafür gegeben, dass sie es sein kann. Ich muss nur das Streichholz entzünden oder, besser gesagt, die Flamme einladen, sich zu manifestieren.« Er lässt dem Wort die Tat folgen, zeigt uns die Flamme und sagt dabei: »Wenn ihr schon länger meditiert, dann müsst ihr nicht darauf warten, dass sie sich manifestiert, um die Präsenz der Flamme zu erkennen.«

Er stellt sich jetzt einen Bauern vor, der gerade Sonnenblumenkerne ausgesät hat. Er wird monatelang warten müssen, bis die Sonnenblumen blühen, aber schon jetzt kann er, wenn er tiefer schaut, sehen, wie sein Feld voller wunderschöner Pflanzen ist, so wie der ökologische Gärtner Salatköpfe in einem Komposthaufen sehen kann.

So nähert sich Thay dem Problem des Todes. Wir hören nicht auf, uns zu täuschen. Wir glauben, wenn jemand stirbt, dann sei er für immer gestorben, ins Nichts eingegangen, wie wir ja auch glauben, dass die Flamme nicht mehr da ist, wenn wir sie ausgeblasen haben.

Mit seinem unbeschreiblichen Lächeln macht er sich jetzt vor unseren Augen an ein Experiment, so wie es ein Physikprofessor im Laboratorium tun würde. Er nimmt ein Stück Papier und zeigt es uns. In der anderen Hand hält er ein Streichholz. »Wir werden sehen, ob dieses Streichholz wirklich das Papier in Nichts verwandeln kann.« Er entzündet es, hält es an eine Ecke des Papiers und lässt es langsam zwischen den Fingern verbrennen. Die Asche häuft er in einen Aschenbecher und beginnt mit der Feststellung, dass das Blatt Papier mehrere Transformationen durchlaufen hat. Es hat sich in Asche, Energie und Hitze verwandelt ... Daran gibt es keinen Zweifel. Die Hitze hat er gefühlt und sich fast die Finger verbrannt. Wir haben sie nicht gefühlt, weil wir zu weit entfernt waren, aber mit entsprechend präzisen Messinstrumenten hätten wir feststellen können, dass sie bis zu uns vorgedrungen ist. Sie hat sogar die entferntesten Sterne erreicht, denn jedes Phänomen hat eine Wirkung auf den gesamten Kosmos.

Das Blatt ist also nicht einfach verschwunden. Es hat sich nur sehr weit entfernt, sein Rauch ist bis zum Himmel gestiegen. Er ist jetzt Teil einer Wolke, und wenn diese Wolke birst, fällt er in Form eines Regentropfens zur Erde. Die Asche aber, wenn sie dem Kompost beigemischt wird, trägt dazu bei, dass schöne Blumen wachsen können.

Also kann man zu Recht sagen: Es gibt keinen Tod, es gibt nur Verwandlungen. Denn das Sein kann niemals auf das Nicht-Sein reduziert werden. Woraufhin Thay den Schluss zieht, und dabei geht ein strahlendes Lächeln über sein Gesicht: »Sein oder Nicht-Sein, das ist eben nicht die Frage.«

Das Lachen ist kaum verklungen, da fährt er mit seiner Vorführung fort: »Ihr habt vielleicht jemanden verloren, der euch lieb war, und denkt, dass er nicht mehr existiert. Ihr wisst nicht, dass er schon eine neue Gestalt angenommen, sich neu manifestiert hat. Alles ist schnell, nur ihr nicht. Ihr bleibt in dem Bild des Vergangenen gefangen. Jetzt ist es an der Zeit, tiefer zu schauen, zu wissen, wie schon Lavoisier sagte, dass nichts verloren geht und nichts neu erschaffen wird, dass es also weder Geburt noch Tod gibt. Seht euch die Realität an, dazu müsst ihr kein Buddhist sein. Entledigt euch der Begriffe von Leben und Tod, und ihr werdet eine Befreiung erleben. Ihr werdet von eurem Schmerz befreit sein, von eurer Vorstellung von Verlust, von Tod und Nicht-Sein.«

Wenn man sich im Saal umsieht, bemerkt man angespannte Gesichter, denn wahrscheinlich haben alle hier irgendwann einmal einen Menschen verloren, der ihnen lieb war. Ist es wirklich ein Trost, was Thay gerade gesagt hat? Auf den ersten Blick nicht. Zu wissen, dass die Geliebte, die uns gerade für immer verlassen hat, sich im All und bis zu den Sternen verflüchtigt hat, dass nichts von ihr bleibt, an das man sich klammern kann ... Das ist eher zum Verzweifeln. Sind denn Buddhisten der Welt so entrückt, dass sie sich mit solchen Gedanken trösten können?

Ich habe mich dann an einen Abschnitt aus dem »Tagebuch« von Thich Nhat Hanh erinnert, *Der Duft von Palmenblättern*. Er erzählt dort, wie er eines Abends in New York an einer buddhistischen Zusammenkunft teilgenommen hatte. Nachdem sie beendet war, stand er am Riverside Drive und sah, dass gerade der Vollmond aufgegangen war. »Er war erschienen, magisch, an einem silbernen Himmel, eingerahmt von Wolkenkratzern.« Es war der Oktobervollmond, und er spürte plötzlich, dass seine Mutter ihm nahe war, seine Mutter, die sechs Jahre vorher bei Vollmond im Oktober gestorben war.

Man muss diese Passage zitieren, so erfüllt, wie sie ist, von tiefem religiösem Gefühl:

»Der Mitternachtsmond ist so sanft und wunderbar wie die Liebe einer Mutter. In den vier Jahren nach ihrem Tod habe ich mich verwaist gefühlt, eines Nachts dann kam sie im Traum zu mir, und von diesem Augenblick an habe ich ihren Tod nie mehr als Verlust empfunden. Ich begriff, dass sie nie gestorben war und dass mein Kummer nur auf einer Illusion beruhte. Sie erschien mir im Traum in einer Aprilnacht, als ich noch im Hochland von Vietnam lebte. Sie war wie immer, und ich sprach ganz natürlich mit ihr, ohne den geringsten Schmerz zu empfinden. Ich hatte öfter von ihr geträumt, aber keiner dieser Träume hat auf mich einen solchen Eindruck gemacht wie der Traum in jener Nacht.

In dieser Nacht erwachte ich gegen ein Uhr, und mein Kummer war verschwunden. Ich begriff, dass die Vorstellung, meine Mutter verloren zu haben, nur eine Vorstellung war. Und nachdem ich meine Mutter in meinem Traum hatte sehen können, war ich fähig, sie überall zu sehen. Als ich den in Mondlicht getauchten Garten verließ, fühlte ich in diesem Licht die Gegenwart meiner Mutter. Das war nicht nur ein Gedanke. Ich konnte sie wahrhaftig überall und immer sehen.«

Diese wenigen Zeilen, von einem so innigen Gefühl beseelt, erhellen das Problem des Lebens nach dem Tode. Die wir die Toten nennen, sind nicht gestorben, und sie können gar nicht sterben. Das Leben ist nicht auf unsere kleine irdische Existenz beschränkt. Wir lassen es mit dem Tag unserer Geburt beginnen, aber das ist falsch. In Wirklichkeit sind wir neun Monate vorher geboren, bei unserer Empfängnis, und auch das ist nur eine Vorstellung, denn schon vor der Empfängnis waren wir zur Hälfte in unserer Mutter und zur Hälfte in unserem Vater. Wir können so die ganze Kette unserer Ahnen zurückgehen. Wir sind aus ihnen entstanden, und das Leben fließt von einem Vorfahren zum anderen, wie es auch in unseren Nachkommen weiterfließen wird. Man kann wahrhaftig sagen, dass es jenseits der Erscheinungen weder Tod noch Geburt gibt.

So lehrt es Thich Nhat Hanh, und seine Lehre ist nichts anderes als die Lehre des Buddha, die von Generation zu Generation weitergegeben wird.

Ein Wort drängt sich auf, das oft unüberlegt ausgesprochen wird: Nirvana. Auch dieses Wort kann nur in einer tiefferen Anschauung begriffen werden. Nirvana ist nicht eine Art nebelhafter Zustand, in den man im Moment der Erleuchtung eintaucht. Es ist die Abwesenheit aller Begriffe, der Begriffe von Geburt und Tod, von Werden und Vergehen, von Dualität.

Wir sind hier bei den Quellen der Weisheit angelangt. Alle Begriffe sind gefährlich. Auch der des Glücks zum Beispiel. Denn wir haben ja diese Vorstellung, dass wir unbedingt glücklich sein müssen, während doch die Erfahrung, die andere, aber auch wir selbst gemacht haben, zeigt, dass es kein Glück ohne Leid gibt. Wir sind überzeugt davon, dass wir glücklich sind, wenn wir das bekommen haben, was wir wollen. Und sobald wir das haben, brauchen wir wieder etwas anderes, um ganz glücklich zu sein. Das können wir jeden Tag feststellen. Man muss diese Vorstellung irgendwann über Bord werfen, wie im Übrigen alle anderen Begriffe auch.

Diese Vorstellung von Glück kann vom individuellen wie vom kollektiven Standpunkt aus gefährlich sein. Tatsächlich ist niemand so gefährlich wie diejenigen, die andere glücklich machen wollen, ihr Land oder die ganze Menschheit, selbst, wenn sie in gutem Glauben handeln. Denn im Namen der Vorstellung, die sie vom Glück haben, sind sie fähig, andere, die nicht mit ihnen einer Meinung sind, ins Gefängnis zu werfen, sie zu foltern und zu töten. Das kann nicht geschehen, wenn man tief schaut, mit dem Blick des Buddha, der über die Dualität hinausgeht.

Wenn er über den Tod spricht, empfiehlt Thay zum Schluss oft, die »Lehrrede an die Kranken« zu studieren und zu rezitieren.

Dabei können wir eine Persönlichkeit kennen lernen, die bei der Entstehung des Buddhismus eine wichtige Rolle gespielt hat. Man hört oft, dass der Buddha sich nur an die Mönche und, am Ende seines Lebens, auch an die Nonnen gewandt habe. Dies ist nun ein Laie, der bis an sein Lebensende das Leben eines Laien geführt hat und nichtsdestoweniger einer der engsten Freunde des Buddha war. Er gab auch den Anlass dazu, dass die berühmte »Lehrrede an die Kranken« verfasst wurde.

Dieser Mann hieß Anathapindika und lebte im Königreich Shravasti, in Koshala. Er war ein sehr reicher Kaufmann, und wie jeder Kaufmann, der etwas auf sich hält, hatte er nur ein einziges Ziel im Leben: immer mehr Geld zu verdienen. Bei einer Geschäftsreise in das benachbarte Königreich hatte er das Glück, auf den Buddha zu treffen, eine Begegnung, die sein Leben von Grund auf veränderte.

Auf der Stelle wurde er ein Laienanhänger, und in seiner Begeisterung bat er seinen neuen Lehrmeister, in seine Heimat zu kommen und dort zu lehren. Er bot ihm sogar, um seine wachsende Gemeinschaft unterzubringen, einen wundervollen Park an, den er Jeta-Park nannte, nach dem Namen des Prinzen, dem er ihn abgekauft hatte.

In der Geschichte des Buddhismus ist der Jeta-Park berühmt, denn der Buddha hat dort viele Lehrreden gehalten. Das waren selbstverständlich Belehrungen, die er den Mönchen und Nonnen erteilte, aber eines Tages waren auch fünfhundert Geschäftsleute dabei, die Anathapindika eingeladen hatte.

Dieser gute Mensch wurde schwer krank, und als der Buddha davon erfuhr, begab er sich an sein Krankenbett. Danach beauftragte er einen seiner vertrautesten Schüler, den Ehrwürdigen Shariputra, dem Todkranken beizustehen. Shariputra machte sich sofort auf und nahm Ananda mit, der schon damals eine der berühmtesten Gestalten des entstehenden Buddhismus war.

Da stehen nun die beiden Männer bei dem Kranken. Wie werden sie ihm helfen zu sterben? Das ist das Thema der berühmten »Lehrrede an die Kranken«. Der Zustand Anathapindikas ist sehr kritisch. Er klagt über Schmerzen, die nicht nachlassen, vielmehr immer stärker werden.

Da spricht Shariputra:

»Anathapindika, mein Freund, es ist Zeit, die Kontemplation über die Drei Kostbarkeiten zu praktizieren: den Erwachten (den Buddha), den Weg der Praxis (den Dharma) und die Gemeinschaft (den Sangha).«

Er gibt eine kurze Darstellung der Drei Kostbarkeiten und fügt dann hinzu:

»Freund Anathapindika, wenn Ihr auf diese Weise über den Buddha, den Dharma und den Sangha meditiert, werden die Wohltaten unerschöpflich sein, und Ihr könnt so die Irrtümer und den Gram zunichte machen. Ihr werdet eine Frucht ernten, die kühl und sanft ist wie der Balsam des Bodhisattva. Ein Mann oder eine Frau, die ehrenhaft sind und über die Drei Kostbarkeiten meditieren können, laufen keine Gefahr, in die drei unteren Welten zu fallen, die Welten der Hölle, der Hungrigen Geister und der Tiere, sondern sie werden in Gestalt eines menschlichen Wesens oder einer Gottes wiedergeboren.«

Die drei Männer meditieren lange, und das Gesicht Anathapindikas hellt sich auf. Er scheint weniger zu leiden und wird ruhig ....

Thich Nhat Hanh kommentiert diese Passage heute so:

»Shariputra war intelligent. Er wusste, dass Anathapindika das große Glück gehabt hatte, den Buddha, den Dharma und den Sangha zu unterstützen, und dass das Meditieren über den Buddha, den Dharma und den Sangha ihm helfen würde, das Gleichgewicht zwischen Freude und körperlichem Schmerz wiederherzustellen.

Es gibt in euch«, fährt Thay in seinem Kommentar fort, »Samen des Schmerzes, und wenn dieser Schmerz manifest wird, muss man unbedingt die Samen des Glücks wässern, um eine Situation zu schaffen, die ausgeglichen ist. Das ist nämlich eine sehr intelligente Praxis. Wenn ihr euch am Bett eines Sterbenden befindet, könnt ihr es so machen wie Shariputra, tief schauen, um die Samen der Freude und des Glücks in diesem Menschen zu erkennen, und sie wässern, mit ihm darüber sprechen, damit diese Samenkörner sich entfalten können, um den Schmerz zu neutralisieren. Man muss lernen, das zu tun.«

Wenn die Meditation über die Drei Kostbarkeiten beendet ist, beginnt eine Reihe von Meditationen, die es dem Sterbenden möglich machen, sich von allen Fesseln, die ihn noch zurückhalten, zu lösen, sich zu befreien.

In gewisser Weise handelt es sich um eine negative Meditation. Zunächst über die Sinnesorgane: »Diese Augen sind nicht Ich, ich bin kein Gefangener dieser Augen; diese Ohren sind nicht Ich, diese Nase, diese Zunge ..., und dann der Körper, das Denken ...«

Man darf sich nicht mit diesem Körper identifizieren, sonst entsteht die Angst vor der völligen Auflösung.

Jetzt geht es um Befreiung:

- Von den sechs Sinnesobjekten: Form, Klang, Geruch, Geschmack, Tastobjekt und Geistobjekt/Gedanken.
- Von den sechs Arten des Sinnesbewusstseins: Sehbewusstsein, Hörbewusstsein, Riechbewusstsein, Schmeckbewusstsein, Tastbewusstsein und Geistbewusstsein.
- Von den fünf Daseins-Aggregaten: Form, Gefühle, Wahrnehmungen, Geistesformationen und Bewusstsein.
- Von den vier Elementen: Erde, Wasser, Feuer, Luft, Raum und Bewusstsein.
- Von den drei Zeiten: Vergangenheit, Gegenwart und Zukunft.

So vollendet sich die große Reinigung. Anathapindika ist frei, weil er sich all dessen entledigt hat und weil er in diesem Prozess verstanden hat, dass es die wahre Natur aller Erscheinungen ist, nicht geboren zu werden, nicht zu sterben, nicht zu kommen und nicht zu gehen.

Als er das erkennt, beginnt Anathapindika zu weinen.

Ananda fragt ihn beunruhigt: »Mein Freund, warum weint Ihr? Hat denn eure Meditation gar nichts bewirkt? Bedauert Ihr etwas?«

»Nein«, antwortet der Sterbende, »ich weine, weil ich überwältigt bin. Ich hatte das große Glück, dem Buddha und seiner Gemeinschaft jahrelang zu dienen, und dennoch habe ich noch nie eine Belehrung gehört, die so tief, so unübertrefflich und kostbar ist wie die, die unser Freund Shariputra heute gegeben hat.«

Da sagt der Ehrwürdige Ananda zu dem Laien Anathapindika:

»Wisst Ihr denn nicht, dass der Buddha den *bhikkus* und den *bhikkunis* (den Mönchen und Nonnen) diese Belehrung regelmäßig erteilt?«

Der Laie Anathapindika antwortet:

»Ehrwürdiger Ananda, ich bitte euch, sagt dem Buddha, dass es wohl Laien gibt, die nicht imstande sind, einer solchen Belehrung zuzuhören, sie zu verstehen und zu praktizieren, dass es aber auch andere gibt, die dazu fähig sind. Ihr müsst den Buddha bitten, diese unübertreffliche Lehre auch den Laien zuteil werden zu lassen.«

Nachdem er die Unterweisungen Shariputras gehört und dementsprechend meditiert hatte, fühlte sich Anathapindika frei und mit sich im Frieden und erlangte die höchste Erkenntnis. Nachdem die Mönche gegangen waren, starb er friedlich und erlöst.

In den Augen Thich Nhat Hanhs – er wiederholt es immer wieder – ist diese »Lehrrede an die Kranken« von höchster Wichtigkeit. Er bittet seine Schüler, sie stets aufs Neue zu lesen, sie gründlich zu studieren und zu verwirklichen. Denn sie ist der Schlüssel zur Nicht-Angst, das heißt, zum Nirvana. Wenn wir von Angst erfüllt sind, ist nichts möglich. Wir sind blockiert, kommen nicht mehr weiter, und darum wohl betont ein Meister wie Arnaud Desjardins immer wieder:

»Der ganze Weg besteht darin, von der Angst zur Liebe zu gelangen.«

In seiner Todesstunde nahm Anathapindika, der Laie, Zuflucht zur Vollkommenen Achtsamkeit. Er erreichte den Zustand des Buddha.

Wenn wir das lesen, sind wir geneigt zu glauben, dass er das Unerreichbare erreicht hat, oder vielmehr das, was uns selbst unerreichbar erscheint. Ein erhabener Zustand, den wir niemals erlangen werden, weil wir noch so schwach sind, den trügerischen Verlockungen des Alltags erliegen, weil wir in heftigen Emotionen und vor allem in Ängsten befangen sind.

Die gute, die wunderbare Botschaft wird uns von Thay verkündet, wenn er mit seinem unnachahmlichen Lächeln immer wieder sagt: »Das ist etwas, das möglich ist.« Nicht nur für Helden, Heilige und Asketen, sondern für alle, die mit Ausdauer die Vollkommene Achtsamkeit üben.

»Jedes Mal, wenn ihr zu eurer Atmung zurückkehrt, wenn ihr in tiefem Bewusstsein atmet, kommt ihr mit der Vollkommenen Achtsamkeit in Kontakt. Ihr seid ein lebender Buddha. Es genügt, das einmal zu erleben, um zu wissen, dass es möglich ist, dass es innerhalb unserer Reichweite liegt, wenn wir uns nur bemühen und immer wieder üben.

Wenn ihr nicht mehr weiterwisst, dann kommt auf eure Atmung zurück. Atmet bewusst ein und aus, und nehmt Zuflucht zur Vollkommenen Achtsamkeit. Immer, wenn ihr euch durcheinander fühlt, wenn ihr wütend, hilflos, nervös seid oder euch angst und bange wird, gibt es einen Ort, zu dem ihr Zuflucht nehmen könnt. Die Vollkommene Achtsamkeit auf unsere Atmung ist unsere Insel. Sie ist sehr sicher. Eine Insel für sich selbst zu sein bedeutet, bei Gefährdungen, labilen Gemütszuständen oder wenn ein Verlust eintritt, in sich zurückkehren zu können.«

Damit sind wir beim Herzstück der Lehre des Buddha angelangt. Er hat der Menschheit diese so kostbare Vorstellung von einer Insel im Inneren gegeben. Diesen Ort der Zuflucht und Geborgenheit, an dem wir immer die Sicherheit finden können, die wir vor allem brauchen.

6

AM FLUSSUFER DER EMPFINDUNGEN SITZEN

Zuflucht nehmen zur Insel im Inneren oder, wie so oft im Village des Pruniers gesungen wird: »Gefestigt und wahrhaft frei nehme ich Zuflucht zu mir selbst.« Wir dürfen uns auch nicht von unseren Emotionen irritieren lassen, denn dann geraten wir außerhalb unserer selbst, sind nicht mehr bei uns. Das Geheimnis besteht darin, Gleichmut zu beweisen, ein Wort, das im Buddhismus oft vorkommt. Mit anderen Worten, man darf sich nicht mehr von seinen Emotionen mitreißen lassen. Um beständig in diesem Zustand der geistigen Ruhe und Gelassenheit zu leben, muss man damit anfangen, an sich zu arbeiten.

Mit dem für ihn typischen Humor hat Thich Nhat Hanh einmal einen Vergleich zwischen der Psychoanalyse und dem Buddhismus angestellt.

Es ist wahr, dass das Leben nicht einfach ist. Auch das Leben von Menschen, die dem Anschein nach sehr begünstigt sind, ist oft leidvoll. Wir stehen unter innerem Druck, bedrängt von »Leidenskomplexen«, und das von Kindheit an. Unsere Eltern – auch die besten – haben Samenkörner des Leidens in uns ausgesät, die wir bemüht sind, zu verdrängen und ins tiefste Unbewusste zu verbannen.

Auch die Kirchen und die Religionen üben manchmal großen Druck auf uns aus, indem sie uns Verpflichtungen auferlegen, die wir nicht begreifen können.

Dieser Druck und diese angesammelten Leiden lassen in uns so etwas wie eine Bombe entstehen, die jederzeit explodieren könnte. Diese Bombe muss unbedingt entschärft werden. Wenn das nicht geschieht und wenn der Druck unerträglich wird, geraten wir an den Rand eines Zusammenbruchs. Daher kommt es wohl, dass sich so viele unserer Zeitgenossen auf Drogen und Medikamente stürzen oder sich zu Psychiatern begeben.

In der Psychoanalyse – und man muss Thays Lächeln sehen, wenn er auf dieses Thema kommt – benutzt man ein Sofa, und man ermutigt die Person, die darauf ausgestreckt liegt, zu sagen, was ihr gerade in den Sinn kommt, frei zu assoziieren, und hofft, darin die Dinge zu erkennen, die direkt aus den Tiefen des Unbewussten kommen.

In der Psychoanalyse ist man bemüht, den Patienten sich an das erinnern zu lassen, was in seiner Kindheit passiert ist, ihn zum Moment seiner Geburt zurückkehren zu lassen, den Säugling, das Kind heraufzubeschwören ... Es wird in der Vergangenheit gewühlt.

»Macht euch klar, dass der Analytiker dem Patienten nicht gegenüber sitzt. Er muss sich hinter dem Sofa verstecken. Seine Position muss dem Patienten gegenüber erhöht sein. Gelegentlich passiert es, dass die Bomben nah am Explodieren sind, und dann hat der Analytiker Angst. Also muss er um sich herum Sandsäcke errichten, damit die Bombensplitter ihn nicht treffen können. Tatsache ist, dass der Patient, auch wenn er den Analytiker nicht direkt vor sich hat, weiterhin leidet und das, was er sagt, einer Zensur unterwirft. Beide, der Analytiker und der Patient, mühen sich ab, den Ursprung des Übels in der Vergangenheit aufzudecken. Das kann selbstverständlich helfen, aber es handelt sich dabei um eine langwierige, mühselige und manchmal überaus qualvolle Prozedur.

Diesen Druck, dieses sehr kraftaufwändige Vorgehen gibt es bei der buddhistischen Herangehensweise nicht. Auch in diesem Fall heißt die unfehlbare Waffe Vollkommene Achtsamkeit. Damit berührt man den gegenwärtigen Moment in seiner Tiefe, man lebt im Hier und Jetzt. In dieser Tiefe ist die Vergangenheit vorhanden. Gebt Acht auf die Gegenwart, erlebt sie intensiv, dann ist alles da. Dann ist es nicht mehr nötig, sich den Geist zu verrenken, um an die Vergangenheit heranzukommen. Der Gang dorthin wird friedlich und natürlich, und das Gleiche gilt für die Zukunft, auch sie ist in der Gegenwart vorhanden.

Ihr habt in euch selbst einen Analytiker«, erklärt Thay, »und dieser Analytiker ist die Vollkommene Achtsamkeit. Denn in der Gegenwart seid ihr zugleich der, der spricht, und der, der zuhört.«

Man kann nicht verhindern, dass Emotionen auftauchen, aber es ist möglich, sie zu beruhigen, indem man Zuflucht zur Vollkommenen Achtsamkeit nimmt.

Um zu zeigen, wie zerstörerisch unkontrollierte Gefühle werden können, erzählt Thich Nhat Hanh eine Geschichte, die in Vietnam sehr bekannt ist. Es ist die Geschichte eines Mannes, der in den Krieg zieht, während seine Frau schwanger ist, und der nach einigen Jahren wieder nach Hause kommt.

Die Nachricht von seiner Rückkehr verbreitet sich im Dorf. Seine Frau und sein kleiner Sohn eilen zu ihm. Zum ersten Mal sieht er sein Kind, und der Brauch will es, dass er aus diesem Anlass Opfer vor dem Ahnenaltar bringt. Er bittet seine Frau, das notwendige Zubehör zu kaufen, und während sie fort ist, versucht er, seinen Sohn dazu zu bringen, ihn Papa zu nennen. Der weigert sich hartnäckig und, vom Vater bedrängt, sagt er schließlich: »Nein, mein Herr, Sie sind nicht mein Papa. Mein Papa ist der Mann, der meine Mutter jede Nacht besucht hat. Sie hat lange mit ihm gesprochen, viel geweint und immer, wenn sie sich hinlegte, legte er sich auch hin.«

Der Vater ist schockiert und wütend über das, was er gerade gehört hat, und als seine Frau mit den Opfergaben nach Hause kommt, sieht er sie nicht einmal an. Nun beginnen alle beide zu leiden, aber da jeder seinen Stolz hat, gehen sie einem Gespräch darüber aus dem Weg.

Die Frau versteht nicht, warum ihr Mann sie so behandelt. Auch er ist sehr unglücklich, ist aber zu stolz, sie um eine Erklärung zu bitten.

Je mehr Zeit vergeht, desto schlimmer wird die Situation. Die Familie wird jetzt von Emotionen beherrscht, von sehr heftigen Gefühlen. Ein Gespräch wäre notwendig, ist aber unmöglich. Jeder verschließt sich in seinem Schmerz und gibt vor, den anderen nicht zu brauchen. Stolz und Eigenliebe sind stärker als die Liebe.

Der Mann legt das Opfer auf den Altar. Traditionell muss sich jeder der Teilnehmer viermal niederwerfen, um die Erde zu berühren. Der Mann wirft sich nieder, verbietet aber seiner Frau, es ebenfalls zu tun. Sie versteht das nicht, fühlt sich aber zu gedemütigt, um Erklärungen zu verlangen.

Der Mann verlässt sie und ertränkt seinen Kummer in der Bar des Dorfes. Er betrinkt sich drei Tage lang. Nach dieser Zeit ist seine Frau so verzweifelt, dass sie sich in den Fluss wirft und ertrinkt.

Der Vater bleibt allein zurück und kümmert sich um den Jungen. Als er die Lampe anzündet, ruft das Kind: »Mein Herr, da ist mein Papa!«, und weist auf seinen Schatten auf der Mauer. Dann erklärt er: »Jeden Abend kam mein Papa und sprach mit meiner Mama. Jedes Mal, wenn sie sich setzte, setzte er sich auch.«

Was also war passiert?

Ganz einfach Folgendes: Eines Tages fragte das Kind, als es aus der Schule heimkam, seine Mutter: »Warum bin ich nicht wie die anderen Kinder? Alle haben einen Vater, nur ich nicht.« Die Mutter, die nicht wusste, was sie machen sollte, zeigte ihm ihren eigenen Schatten und sagte zu ihm: »Da ist dein Papa.« Und sie fing an, mit dem Schatten zu sprechen, als wäre es ihr Mann: »Warum bist du lange fort? Warum lässt du mich unser Kind allein aufziehen?«

Endlich kam die Wahrheit ans Licht. Papa war der Schatten der Mutter gewesen. Der Vater hatte das nicht verstehen können. Vom Schmerz übermannt, war er in Wut geraten, hatte sich in seinem Trotz verschanzt und seine Frau damit in den Tod getrieben.

Es hätte nur wenig gebraucht, um dieses Drama zu verhindern. Bloß ein bisschen Kommunikation. Es hätte genügt, wenn die Frau ihren Mann gebeten hätte, sich zu erklären, und ihr Mann dazu bereit gewesen wäre. Er hätte einfach sagen können: »Meine Liebe, ich leide so sehr. Du musst mir erklären, was unser Sohn gerade gesagt hat.« Das Drama hätte verhindert werden und das Familienleben glücklich weitergehen können.

Es gibt für menschliche Beziehungen nichts Gefährlicheres, als eine Situation zu missdeuten. Und diese Missdeutungen treten aufgrund von starken Emotionen auf, die sich unserer bemächtigen und die wir nicht zu kontrollieren verstehen.

Darum ist es so wichtig, von starken Gefühlen freizukommen, sobald sie auftauchen. Wenn sie nicht unter Kontrolle gehalten werden, können heftige Emotionen zu einem Sturm werden, der alles mit sich reißt.

Wir alle können uns sicher erinnern, wie wir schon von starken Erregungen gepackt wurden, die uns dazu brachten, Dummheiten zu sagen oder zu machen, die wir dann später bereut haben. Wir waren nicht fähig, uns zu beherrschen und zu erkennen, dass eine starke Emotion eine Empfindung ist, die plötzlich in uns aufbricht, um dann am Ende wieder zu verschwinden. Erinnern wir uns an unsere Wut, an unsere Panikanfälle und Verzweiflungsattacken …

Thich Nhat Hanh wählt einen Baum als Beispiel, um uns zu helfen. Wir können ihn bei einem Sturm betrachten und sehen, wie sein Wipfel heftig hin- und herschwankt. »Ihr habt dann den Eindruck, dass der Baum sehr gefährdet ist, aber wenn ihr eure Aufmerksamkeit auf den Stamm richtet und euch der Tatsache bewusst seid, dass der Baum tief in der Erde verwurzelt ist, habt ihr ein anderes Gefühl. Ihr glaubt dann, dass der Baum stehen bleibt.

Wenn also der Sturm der Gefühle losbricht, dann bleibt nicht auf der Ebene des Gehirns, das heißt, beim Wipfel des Baumes. Denn auch ihr seid wie ein Baum. Ihr habt einen Stamm, und ihr habt Wurzeln. Die Ebene des Gehirns ist wie das Auge des Taifuns, und dort zu bleiben ist sehr gefährlich. Ihr müsst euch tiefer hinab begeben. Euer Stamm ist hier, etwas unterhalb des Nabels. Richtet eure Aufmerksamkeit auf diesen Punkt, und atmet bewusst ein und aus. Im Sitzen übt ihr das tiefe Atmen. Beobachtet, wie euer Bauch sich hebt und senkt. Ich atme ein, und er hebt sich; ich atme aus, und er senkt sich. Macht nichts weiter als das. Konzentriert euch hundertprozentig auf die Bewegung des Unterleibs. Konzentriert euch auf die Atmung. Dann seid ihr in Sicherheit, während der Sturm tobt.

Ihr müsst zur Meditationsübung Zuflucht nehmen. Ihr wisst doch, während ihr meditiert, ist eine Emotion nur eine Emotion. Sie kommt, bleibt eine Zeit lang und wird sich wieder legen wie der Sturm. Und ihr seid in Sicherheit mit dieser Übung. Nach fünfzehn oder zwanzig Minuten wird die heftige Emotion abklingen, und ihr habt es überstanden.«

Wie einfach das klingt! Und wie schwer es doch ist! Es gibt jedoch tatsächlich keine andere Lösung, um eine heftige Gefühlsregung zu überwinden. Alle spirituellen Lehren besagen in dieser oder jener Form das Gleiche: Ihr seid mehr als eure Emotionen, und ihr könnt euch immer durch bewusstes Atmen zur Ruhe bringen. Das sind keine leeren Worte, sondern Übungen, die bei genügend Durchhaltevermögen schließlich zu Ergebnissen führen. Und das gilt für die Gefühle, die uns am meisten verstören, die Wut, die Angst, die Eifersucht ...

Damit wir diese Unterweisung in ihrer Tiefe erfassen können, bittet uns Thay, eine Orange zu visualisieren, und damit es leichter geht, zeichnet er sie auf ein großes Blatt Papier und teilt sie in fünf Teile auf. Jede dieser Unterteilungen stellt eines der fünf Hauptelemente oder, nach buddhistischer Terminologie, der fünf Aggregate dar: Körperlichkeit, Empfindungen, Wahrnehmungen, Geistformationen und Bewusstsein. Jeder Mensch konstituiert sich aus diesen fünf Elementgruppen.

Als Erstes muss man über die Körperlichkeit meditieren. Wir sollten unsere Physis lieben und mit zärtlicher Sorgfalt pflegen. In ihrer Gesamtheit und in ihren einzelnen Teilen. Wir neigen sehr dazu, diesen Körper als etwas zu betrachten, das unserer Gnade bedingungslos ausgeliefert ist, wir misshandeln ihn, muten ihm zu viel zu, führen ihm Nahrung zu, die ihm nicht gut tut. Wir können jedes Organ einzeln betrachten: Die Leber, die wir überstrapaziert haben, das Herz, das von unseren Sorgen, unserer Wut und unsren Ängsten gequält wird, unser Hirn, das mit so viel unnützen Gedanken voll gestopft ist ... Wir sollten den Nutzen, den uns unser Körper bringt, seine beständige Verfügbarkeit, seine stets erneuerte Energie dankbar anerkennen. Wir sollten ihm Ruhepausen gönnen, denn das ist für ihn das einzige Mittel, um in Harmonie zu leben.

Das zweite Aggregat sind die Empfindungen. Es gibt angenehme, unangenehme und neutrale. Es gibt sogar welche, die gleichzeitig angenehm und unangenehm sind. Diese Empfindungen in uns, lehrt Thay, sind wie ein Fluss, der niemals aufhört zu fließen. Die Strömung ist manchmal schnell und manchmal langsam, aber sie steht nie still. »Meditieren heißt, sich an das Flussufer der Empfindungen zu setzen«, sagt Thay. Also betrachten, wie sie auftauchen, sie erkennen, ihnen die Bedeutung zugestehen, die sie haben, sie lieben, sich aber auch nicht von ihnen überwältigen lassen, sich davon befreien. Das heißt, zu wissen, dass sie nur vorbeiziehen, und auch, wenn sie uns ganz erfüllen, sich bald auflösen werden, um Platz für immer andere zu machen. So fließt das Leben dahin, von der Geburt bis zum Tod. Es geht darum, frei zu sein, selbst von den angenehmsten Empfindungen. Sich nicht mit ihnen zu identifizieren, darin liegt das Geheimnis. Sie nicht zu verurteilen.

Das dritte Aggregat sind die Wahrnehmungen. Auch sie können wir wie einen Fluss betrachten. Wir nehmen ständig wahr, was uns umgibt. Das kann wunderbar sein, aber unsere Wahrnehmungen sind leider allzu oft falsch.

Zum Beispiel haben wir uns alle irgendwann einmal heftig verliebt – »verknallt«, wie man so sagt. Von dieser Frau vor mir fühle ich mich unwiderstehlich angezogen. In meinen Augen ist sie schön und wunderbar, ich finde in ihr alle guten Eigenschaften vereinigt und möchte sie niemals verlassen, ihre Anwesenheit macht mich glücklich. Sie sehen und sie lieben ist für mich eins. Leider ist die Wahrscheinlichkeit sehr groß, dass diese Wahrnehmung äußerst begrenzt ist, und es ist auch sehr wahrscheinlich, dass diese Frau in Wirklichkeit nicht so ist, wie ich sie gesehen habe, als ich mich in sie verliebte.

Wie viel Leid entsteht doch dadurch, dass man etwas in jemanden hineinsieht, das nicht der Wirklichkeit entspricht! Und wie viel Ungerechtigkeit, denn nach einer gewissen Zeit werde ich ihr den Vorwurf machen, nicht so zu sein, wie ich sie in jenem begnadeten Moment gesehen habe, und ihr vorwerfen, mich zu enttäuschen, nicht dem zu entsprechen, was ich von ihr erwartet habe.

Diese falschen Vorstellungen beziehen sich nicht nur auf andere, sondern auch auf uns selbst. Das ist sicherlich der Grund dafür, dass uns seit ältester Zeit alle Religionslehren ermahnen, vor allem uns selbst zu erkennen. Auf diesem Gebiet sind die Erfahrungen unbegrenzt, und Selbsterkenntnis ist ein Gegenstand der Meditation, der sich nie erschöpft.

Das vierte Aggregat sind die Geistesformationen. Zunächst muss man sich über den Begriff verständigen. Im Buddhismus, sagt Thay, versteht man unter »Formation« eine Sache. »Zum Beispiel«, erklärt er, »ist dieser Tisch ein Ding, eine Formation. Zu seinen Entstehungsbedingungen gehören Holz, der Tischler, der ihn gebaut hat, Nägel, usw. – alles, was für die Formation eines Tisches notwendig ist.« Das Gleiche gilt für die Blume, wie wir schon gesehen haben, in der wir, wenn wir tief schauen, alle Elemente erkennen können, die sie geformt haben: die Wolken, das Samenkorn, die Sonne, die Arbeit des Gärtners ...

Alles, absolut alles, was uns umgibt, und alles, was wir wahrnehmen können, sind Formationen, auch der Buddha und Jesus fallen unter diese Kategorie. Das erklärt jenen Satz des Zen, der alle, deren Denken an der Oberfläche bleibt, so sehr schockiert: »Wenn ihr den Buddha trefft, tötet ihn!« Natürlich ist es nicht der Buddha, den wir töten sollen, sondern wir sollen die Vorstellung, die wir uns von ihm machen, die Geistesformation, die ihn darstellt, zerstören, damit der Buddha lebendige Wirklichkeit wird. Je mehr Fortschritte man macht, desto näher kommt man der Wirklichkeit des Buddha.

Was man wirklich verstehen muss, ist, dass alle Formationen unbeständig sind. Der Tisch geht kaputt und zerfällt schließlich zu Staub, die Blume verwelkt, das solideste Haus bricht eines Tages zusammen, der Baum fällt zu Boden und vermodert …

Man kann noch weiter gehen und diese Formulierung Thays übernehmen: Eine Formation ist alles, was sich als Erscheinung manifestiert. Dann wird der Bereich der Formationen unendlich groß, er umfasst die Wut, die Verzweiflung und selbst die Vollkommene Achtsamkeit. All das, auch die Liebe, das Mitgefühl und die Angst, alles ist unbeständig. Man muss nur ein wenig überlegen und auf seine Erinnerungen zurückgreifen, um das zu erkennen. Der Buddhismus sagt im Übrigen, dass es einundfünfzig Kategorien von Geistesformationen gibt. Dabei bilden Empfindungen und Wahrnehmungen eigene Kategorien, weil sie von so großer Bedeutung sind.

Damit kommen wir direkt auf das Bewusstsein, das fünfte Aggregat. Bewusstsein, Bewusstsein, Bewusstsein, wiederholt Thay des Öfteren, um uns einzuhämmern, wie wichtig es ist, bewusst zu sein. Denn Bewusstsein ist der Schlüssel zu allem. Es umfasst alles. Es ist die »Gesamtheit der Samenkörner, die Geistesformationen hervorbringen«. Es umfasst auch – und es ist sehr wichtig, das zu verstehen – alles, was in uns ruht, ohne ins Bewusstsein zu gelangen.

Zum Beispiel ist es sicher, dass es in mir, im tiefsten Inneren, Samenkörner des Zorns gibt. Sie sind vorhanden, selbst wenn ich momentan vollkommen gelassen bin. Ebenso gibt es Samen der Angst, der Verzweiflung und der Freude. All diese

Samenkörner in meinem tiefsten Inneren warten, um sich manifestieren zu können, darauf, dass alle Bedingungen für ihr Erscheinen zusammenkommen. Irgendein Ereignis gibt den Anlass, damit die Wut aufsteigt und dann plötzlich explodiert und alles verwüstet. Sie treibt mich meist dazu, Unbedachtes zu äußern oder zu tun, und lässt mich erschöpft zurück. Unbeständig wie alles, löst sich meine Wut auf, aber im Keimzustand bleibt sie in mir erhalten.

Das also ist das Bewusstsein: Ein Reservoir von Samenkörnern, vergraben im menschlichen Herzen und auf eine günstige Gelegenheit wartend, um sich zu manifestieren.

Man kann sagen, dass diese Samenkörner im Keller eingelagert sind, wo sie inaktiv bleiben. Wir bemerken ihre Existenz nicht einmal. Nehmen wir noch einmal das Beispiel der Wut. Mir geht es gut, ich bin vollkommen ruhig, ruhig bis zur Selbstvergessenheit. Und plötzlich sagt jemand etwas, das einen wunden Punkt bei mir berührt. Und schon steigt die Wut aus dem Keller auf und erreicht die obere Schicht meines Bewusstseins. Sie kommt sozusagen aus dem Keller ins Wohnzimmer herauf. Mein ganzes Wesen ist erschüttert, und wenn ich nicht gelernt habe, mit dieser Energie umzugehen, kann das katastrophal werden. Es gibt Menschen, die bei einem solchen Wutausbruch zu Mördern werden. Um sich davon zu überzeugen, genügt es, die Zeitung bei »Vermischtes« aufzuschlagen.

Was tun, wenn unsere Welt sich plötzlich so brutal verändert?

Zunächst muss man sich etwas ganz Zentrales bewusst machen: Wenn in uns Samen der Wut, der Angst und Verzweiflung lagern, so sind mit Sicherheit auch Samen der Liebe, des Mitgefühls und der Freude vorhanden. Es ist unerlässlich, diese Samenkörner, die heilsamen, zu wässern, so dass sie in uns keimen können. Das wichtigste Samenkorn ist das der Vollkommenen Achtsamkeit. Je mehr Raum sie in uns gewinnt, desto eher ist sie imstande, sich der negativen Samenkörner anzunehmen, wenn diese aus dem Keller ins Wohnzimmer gelangen.

Ich habe Angst, ich bin voller Wut, ich bin verzweifelt ... Das kann ich nicht vermeiden, das sind die Samenkörner, die sich manifestieren und in die obere Bewusstseinsschicht dringen, aber sie werden von den positiven Samenkörnern neutralisiert, wenn ich mir auch nur etwas Mühe gegeben habe, sie ausgiebig zu wässern.

Wir sind damit beim Herzstück der Lehre angelangt, das sich in dieser oder jener Form in allen religiösen Traditionen findet. Diese Kraft der Vollkommenen Achtsamkeit, die andere als Zustand des Buddha, als Heiligen Geist oder als Präsenz bezeichnen. Es ist diese Kraft, die wir mit etwas Übung immer zu Hilfe rufen können, damit sie uns schützt.

Kommen wir noch einmal auf das Bild des Kellers und des Wohnzimmers zurück, denn hier trifft sich die buddhistische Lehre mit den Ergebnissen der modernen Psychologie.

Wir haben gesagt, dass sich im Keller alle Samenkörner befinden, die positiven und die negativen. Die Samen des Negativen machen uns Angst. Wir wissen aus Erfahrung, dass sie uns unglücklich machen, wenn sie in die obere Bewusstseinsschicht vordringen. Also versuchen wir, sie mit aller Kraft zu blockieren und zu verhindern, dass sie auftauchen. Manchmal gelingt uns das, aber die Samenkörner bleiben, bilden ganze Leidenskomplexe, die jederzeit wieder auftauchen können. Sie vergiften uns, auch wenn uns das nicht klar ist. Sie wachsen, werden stärker, bilden Knoten, die wir nicht entwirren können. Wenn uns jemand an einem wunden Punkt trifft, vermeiden wir es, zu reagieren, wir verdrängen, wie die Psychoanalytiker und Psychologen sagen würden, die zu Recht immer wieder behaupten: »Was nicht nach außen gelangt, gräbt sich nach innen.« Tatsächlich werden wir zu Bomben, die explodieren können, je mehr Zeit vergeht, wie Thay sagt. Es besteht die Gefahr, dass eines Tages bei dem geringsten Anlass die Barrieren, die wir zwischen dem Keller und dem Wohnzimmer errichtet haben, hinweggefegt werden. Der Leidensdruck, der dann im Bewusstsein überhand nähme, wäre für uns unerträglich. Also muss etwas getan werden.

Um nicht zu leiden, werden wir uns in Aktivitäten, sogar in Aktivismus stürzen, unseren Terminkalender voll stopfen, auf Reisen gehen, um neue Eindrücke zu sammeln, oder wir hängen uns ans Telefon, gehen ins Theater, ins Kino, und wenn es ganz schlimm kommt, trinken wir oder setzen uns unter sonstige Drogen. All das, um das Wohnzimmer mit Beschlag zu belegen, damit es voll ist und das Leiden dort nicht hereinkommen kann.

In Wirklichkeit ist das ein Vorhaben, das nicht gelingen kann. Alle diese »Zerstreuungen«, in der Pascalschen Bedeutung des Wortes, sind nichts als vergebliche Ausflüchte. Mit ihrer Hilfe können wir noch in der Illusion leben, etwas Zeit zu gewinnen, aber eines Tages, und wir ahnen das, wird das Leiden schließlich doch kommen. Leiden, das heißt Angst, Wut, Verzweiflung, Gewalt und Selbstverachtung ...

Der intensivste Moment während des frankophonen Retreats war sicher, als Thich Nhat Hanh vom Keller und dem Wohnzimmer sprach. Über die Zerstreuungen, denen wir uns hinzugeben versuchen, um der Realität zu entfliehen, sagte er:

»Weil ihr Gäste sucht, um das Wohnzimmer zu bevölkern, habt ihr eine schlechte Zirkulation eurer psychischen Toxine verursacht. Die Geistesformationen sind wie das Blut in unserem Organismus. Wenn das Blut nicht im Körper zirkuliert, bekommen wir Probleme. Im Geist, im Bewusstsein, geschieht das Gleiche. Man blockiert den Weg und bewirkt damit eine schlechte Zirkulation der Geistesformationen. Angst, Verzweiflung, Verlangen, Eifersucht, solche Dinge, die enorm anwachsen. Warum nehmen sie zu? Wenn wir zum Beispiel fernsehen, eine gewisse Literatur konsumieren, Nachrichtensendungen hören, dann fallen kontinuierlich Elemente der Angst, der Gewalt und des Verlangens in die Speicher unseres Bewusstseins und wässern die negativen Samenkörner in uns.«

Das heißt, dass all unsere Umtriebigkeit, all das, was wir tun, um zu verhindern, dass das Leiden in die obere Bewusstseinsschicht dringt, das Leiden nur vermehrt und auf die Spitze treibt. Wirklich ein Teufelskreis.

Man muss da heraus, diesen Kreis sprengen.

Dazu steigt man am besten kurz wieder in den Keller hinab. Ja, es stimmt, dort lagern diese Leidenskomplexe, aber wenn wir es gelernt haben, tief zu schauen, gibt es dort auch, und das haben wir vergessen, all die positiven Samenkörner, die ebenfalls auf die Gelegenheit warten, in Erscheinung zu treten. Sie werden uns helfen.

Lasst uns die Samen von Freude, Frieden, Mitgefühl, Liebe und Gleichmut wässern, lasst uns das mit stetiger Hingabe tun, dann werden sie keimen, wachsen und schließlich auch das Wohnzimmer erreichen, und dort werden sie sich liebevoll der negativen Samenkörner annehmen, die, wenn sie sich selbst überlassen sind, uns so viel Schaden zufügen können.

Hier entfaltet die Botschaft von Thich Nhat Hanh ihr ganzes Hoffnungspotenzial. Hören wir ihm zu:

»Ich rate euch, zwei Dinge zu tun. Erstens, damit aufzuhören, allem Möglichen in euch unüberlegt Nahrung zu geben.

Ihr müsst keine ungebetenen Gäste in eurem Wohnzimmer beherbergen. Zweitens, die Sperre in euch aufzuheben, damit die Geistesformationen aufsteigen können. Für jemanden, der nicht praktiziert, ist das schwierig. Die, die das nicht tun, haben Angst davor ... Aber im Buddhismus lernen wir, dass es Methoden gibt, sich zu schützen. Mit der Kraft der Vollkommenen Achtsamkeit werdet ihr das Problem lösen. Wenn ihr ein, zwei, drei Tage oder eine Woche praktiziert habt, habt ihr schon eine gewisse Fähigkeit, in Vollkommener Achtsamkeit zu leben. Und ihr könnt auch zu Hause praktizieren. Mit Achtsamkeit im Garten arbeiten, mit Achtsamkeit abwaschen, gehen, Auto fahren, atmen ... Jede Minute, in der ihr übt, wird euch zu etwas mehr von dieser Energie verhelfen.

Wenn ihr so weit seid, dann öffnet den Riegel, und lasst diese Dinge hochkommen. Der Buddha hat das sehr klar gesagt. Er weiß, dass in uns Dinge wie Angst und Verzweiflung sind. Allen Mönchen und Nonnen hat er empfohlen, bei Angstgefühlen immer wieder zu üben: Ich atme ein, und ich weiß, dass ich Angst habe. Die Angst muss in all ihren Aspekten benannt werden. Im Liederbuch könnt ihr diese Übung, die Angst zu umarmen, wiederfinden, die Angst vor dem Tod zum Beispiel: ›Meine Natur ist es, zu sterben, ich kann dem Tode nicht entkommen.‹ Das ist die erste Übung.«

Oft hört man aufrechte Christen mit etwas Besorgnis oder auch Gereiztheit die Frage stellen: »Aber es gibt das doch alles auch im Christentum: die Tiefe, die Gegenwart Gottes, das Mitgefühl, das leuchtende Antlitz Christi ... Wir leben in einem Land mit alter christlicher Tradition. Warum gibt es dann so viele, die sich von ihrer alten Religion abkehren und sich dem Buddhismus zuwenden?«

Eine der Antworten hierauf findet sich wohl in dem, was Thich Nhat Hanh gerade zu uns gesagt hat und insbesondre in jenen einfachen Worten, die so harmlos klingen: »Wenn ihr ein, zwei, drei Tage oder eine Woche praktiziert, habt ihr schon eine gewisse Fähigkeit, in Vollkommener Achtsamkeit zu leben.« Es ist gar nicht nötig, sich jahrelang in theologische Bücher zu vertiefen, sich einer langen und leidvollen Askese zu unterziehen und sich schuldig zu fühlen, weil man den Anforderungen nicht gewachsen ist. Es genügt, immer wieder zu üben, und zwar bei den allereinfachsten Alltagshandlungen. Es genügt, zu atmen und dabei zu wissen, dass man atmet, in Vollkommener Achtsamkeit zu gehen, abzuwaschen und seine Besorgungen zu machen. Und wenn man es nicht gleich schafft, kann man immer wieder neu beginnen.

Wir müssen uns nicht schuldig fühlen, weil wir in uns Gefühle wie Angst, Wut oder Hass spüren oder wir uns nicht gut verhalten haben. Man muss dann nur, und wir können es gar nicht oft genug wiederholen, so bald wie möglich innehalten und zu seiner inneren Übung zurückkehren. Das Christentum wird allzu oft als eine Schule der Schuldgefühle empfunden, weil es auf der Sünde beharrt und sein Ideal für arme Sterbliche zu hoch ist.

Alle Menschen, auch die, die so selbstsicher scheinen, haben die gleichen grundlegenden Ängste, die Angst, zu versagen, die Angst, zu altern und zu sterben. Sie machen sich diese Ängste zum Vorwurf, verbergen sie und tun alles Mögliche, um sie zu vergessen.

Mit den Achtsamkeitsübungen gibt uns Thay ein Mittel an die Hand, den Ängsten ins Gesicht zu sehen: Ja, zur menschlichen Natur gehört das Altwerden; ja, auch ich werde sterben. Dem werde ich nicht entkommen. Wenn ich aber lerne, in Vollkommener Achtsamkeit zu leben, in jedem Augenblick in der Gegenwart zu sein, dann gibt es kein Altern und keinen Tod mehr. Wenn ich im gegenwärtigen Moment lebe, wirklich und ganz und gar, dann altere ich nicht, weil ich kein Alter habe. Der gegenwärtige Moment ist zugleich die Ewigkeit.

Wir können unsere Ängste in all ihren Formen umarmen, sagt Thay, wissen, dass wir sterben und alles loslassen müssen. Wir werden nur die Früchte unseres Handelns mit uns nehmen, das, was in Asien Karma genannt wird, aber wir können es von jetzt an transformieren, indem wir in uns und in unserer Umgebung die positiven Samen heranziehen. Die negativen Dinge, die in unserem Keller sind, werden immer wieder bis in unser Wohnzimmer heraufkommen, aber jedes Mal werden sie ein wenig von ihrer Macht verlieren.

»Ihr könnt das jeden Tag tun«, sagt Thay. »Habt keine Angst, der Buddha ist da und der Heilige Geist ist da, um euch zu unterstützen. Der Buddha und der Heilige Geist, die nichts anderes sind als Vollkommene Achtsamkeit.«

Ein Ausdruck taucht oft in seinen Unterweisungen auf: die selektive Bewässerung. Das bedeutet, dass man sich entscheidet, lieber die positiven Samen zu wässern als die negativen. Das gilt für uns und auch im Umgang mit anderen.

Ihr habt eure Frau vor euch. Wenn ihr ungeschickt oder böswillig seid, werdet ihr in ihr die Keime der Wut, Angst oder Verzweiflung nähren. Indem ihr das tut, schafft ihr Leiden, immer noch mehr Leiden. Besser wäre es, die positiven Samenkörner zu wässern. Das hört sich nach nichts an, es sind nur Kleinigkeiten, aber sie sind auf wunderbare Weise wirksam.

Thay erzählt, wie einmal ein Ehepaar aus Bordeaux kam, um die Geburt des Buddha zu feiern. An diesem Tag sprach er, während sie sich unterhielten, von der »selektiven Bewässerung« und sah, wie die Frau weinte. Als das Paar wieder aufbrechen wollte, nahm er den Mann einen Augenblick zur Seite und sagte zu ihm: »Mein Freund, Ihre Blume braucht Wasser.« Auf der Rückfahrt nach Bordeaux fühlte der Mann das Bedürfnis, sich so zu verhalten, wie Thay es in seinem Gleichnis von der Bewässerung erklärt hatte. Das genügte, um bei dem Ehepaar eine echte Öffnung der Seelen zu bewirken, so dass die Kinder am gleichen Abend das Gefühl hatten, eine neue Mama sei zurückgekommen. Sie hatte sich geöffnet wie eine Blume.

»Diese selektive Bewässerung jeden Tag zu üben«, betont Thay, »sollte euch am Herzen liegen.« Und mit seinem unwiderstehlichen Lächeln fügt er hinzu: »Wenn ihr jemand liebt, dann gebt ihm das Versprechen: Liebling, ich verspreche, nicht die negativen Samenkörner in dir zu wässern, und ich verspreche, jeden Tag den positiven Samen Wasser zu geben. Für dein Glück und für meins. Und der andere sollte das Gleiche tun. Das bedeutet selektive Bewässerung. Das ist überhaupt nicht schwer, und wenn ihr es übt, werdet ihr merken, wie die Situation sich schnell verändert und dass ihr sehr viel mehr Luft zum Atmen haben werdet.«

Das mindeste, was man sagen kann, ist, dass ein Versuch sich lohnt.

Es ist Zeit, sich zu ändern, und dafür ist jeder Moment geeignet. Es steht in unseren Möglichkeiten, jederzeit. Man muss nur beginnen.

Jemand fragte einmal einen Heiligen: »Warum werden die Menschen nicht zu Heiligen?« Er antwortete: »Weil sie nicht anfangen.«

Anfangen ... Oft braucht es dafür nicht viel. Wenn man zu einem Spaziergang aufbricht, muss man immer einen ersten Schritt tun. Dieser erste Schritt könnte darin bestehen, dass man seine Konsumgewohnheiten ein wenig ändert. Mit mehr Besonnenheit konsumiert. Wir lassen uns vom Glanz der so genannten Konsumgesellschaft blenden, wir sind umstellt von allen möglichen Geräten, die schon bald durch noch leistungsfähigere, noch attraktivere Modelle überholt sind oder kaputt gehen und durch neue ersetzt werden. Thay sagt nicht, dass wir völlig auf Konsum verzichten und ins Mittelalter zurückkehren sollten, sondern dass wir die Produkte, die wir kaufen, mit dem Auge des Buddha prüfen, darauf achten sollten, was schädlich oder aber gut für unseren Körper und unseren Geist ist. »Es ist sehr wichtig«, betont er, »nur positive Dinge zu konsumieren. Das gehört zur Praxis der Vollkommenen Achtsamkeit.« Besonnen zu konsumieren ist ebenso Teil eines spirituellen Lebens wie die Meditation im Sitzen oder im Gehen.

Das geistige Wagnis besteht darin, nach Freiheit zu streben. Frei zu werden von den Dingen, von allem, was unseren Kopf und unseren Geist verstopft, frei zu werden von Groll, Selbstvorwürfen und Leiden. Und diese Freiheit, Thay wiederholt es immer wieder, diese leuchtende Freiheit kann man nur im gegenwärtigen Moment finden. Der Buddha hat gesagt: »Das Leben kann nur hier und jetzt gelebt werden.« Und Thich Nhat Hanh kommentiert:

»Verweilt ganz und gar im gegenwärtigen Augenblick, und ihr werdet sehen, dass auch die Zukunft vorhanden ist. Ebenso wie die Vergangenheit, die ihr verwandeln könnt. Denn im gegenwärtigen Augenblick sind alle Augenblicke enthalten.«

7

EIN AUGENBLICK UNTER DEM MAMMUTBAUM

Beim ersten Mal ist man überrascht und versteht nicht, was da passiert. Es entspricht so gar nicht unseren Gewohnheiten. Wir sprechen gerade, gehen schweigend oder stehen in der Schlange, um unseren Teller zu füllen, und da schlägt die Uhr (sie schlägt jede Viertelstunde).

Plötzlich hält alles an. Die Leute bleiben stehen, die Gespräche brechen ab, und diejenigen, die gerade dabei waren, einen Löffel Reis in ihre Schale zu füllen, bleiben mit ausgestrecktem Arm stehen, als seien sie von einer seltsamen Lähmung befallen. Und das so lange, bis die Uhr schweigt, was, zum Beispiel mittags, einem Neuankömmling unendlich lange vorkommen kann.

Beim Telefonieren gilt das Gleiche. Wenn es läutet, dann bleibt augenblicklich stehen, egal, wo ihr seid. Für denjenigen, der abheben muss, gilt die Regel, dass er es dreimal läuten lassen und sich in dieser Zeit konzentrieren und sich bereit machen soll, das Gespräch, das jetzt kommt, und die guten oder schlechten Nachrichten, die es bringt, mit Gelassenheit entgegenzunehmen.

Das hört sich nicht nach etwas Außergewöhnlichem an, ist aber eine besonders gute Lektion in Sachen Wachsamkeit.

»Der Klang der Glocke«, sagt Thay, »ist die Stimme des Buddha, die uns zu unserem wahren Zuhause zurückführt. Dieses wahre Zuhause nennen wir Vollkommene Achtsamkeit.«

So wird den Mönchen und Nonnen im Laufe eines Tages vielfach Gelegenheit gegeben, zur Freiheit der Vollkommenen Achtsamkeit zurückzukehren. Man darf sich nicht zu lange von überflüssigen Gedanken und all dem, was sie darstellen – Ängste, Sorgen, Wut, usw. – absorbieren lassen.

Das ist die Schule des Lebens.

Das Leben mit ganz großem L könnte man sagen, denn ohne Vollkommene Achtsamkeit sind wir tot.

Wir halten uns für lebendig, wir denken und handeln, aber in Wahrheit sind wir nicht anwesend, und wir lassen unser Leben bis zu unserem Todestag verstreichen, ohne wirklich gelebt zu haben.

Unter diesem Aspekt betrachtet, wirkt das Leben um uns herum äußerst befremdend. Wir sehen, wie die Leute sonst wohin laufen, lieben, leiden, sich etwas einbilden, sich von Angst und Wut hinreißen lassen, und all das, ohne sich dessen wirklich bewusst zu sein. Das ist das Drama des menschlichen Lebens. Während doch oft nur ein Augenblick wahren Bewusstseins genügen würde, um alles zu verändern.

Eine Figur aus dem Werk von Albert Camus hat großen Eindruck auf Thich Nhat Hanh gemacht. Es handelt sich um Meursault, die Hauptfigur in *L'Etranger (Der Fremde)*. Er tötete einen Araber am Strand von Oran, wurde verhaftet und zum Tode verurteilt. Ohne sich jemals wirklich dessen bewusst zu sein, was mit ihm passierte. Jetzt sitzt er in seiner Zelle, wenige Stunden vor seiner Hinrichtung. Er hat Angst und klammert sich an leere Hoffnungen. Tagelang schon hat er durch das kleine Fenster das immer gleiche Himmelsviereck betrachtet. Und plötzlich ändert sich alles. Er sieht.

»Man hat mir eine andere Zelle gegeben«, schreibt er. »Von hier aus sehe ich, wenn ich liege, den Himmel, und ich sehe nur ihn. Alle meine Tage vergehen damit, auf seinem Antlitz das Nachlassen der Farben zu betrachten, das vom Tag in die Nacht überleitet. Im Liegen verschränke ich die Hände unter meinem Kopf und warte.«

Etwas später schreibt er: »Ich glaube, ich habe geschlafen, denn ich bin mit den Sternen in meinem Gesicht wach geworden. Landgeräusche stiegen zu mir herauf. Gerüche nach Nacht, Erde und Salz erfrischten meine Schläfen. Der wunderbare Friede dieses schlummernden Sommers drang in mich ein wie eine Flut.«

Dieser grobe Mensch, von Camus bis dahin als gefühllos dargestellt, lebte neben seinem Leben. Und plötzlich bricht mitten in seiner Angst das Bewusstsein hervor. Ihn kümmert die Vergangenheit nicht mehr und auch nicht die Zukunft, die doch nah und schrecklich ist. Er lebt im gegenwärtigen Moment, erfüllt vom Himmel, vom Geruch des Meeres, vom »wunderbaren Frieden dieses schlummernden Sommers«. Er wird fähig, der Wirklichkeit ins Gesicht zu schauen, und als man ihm den Besuch des Geistlichen ankündigt, behauptet er, dass er »die Tröstungen der Religion« nicht mehr brauche. Auch keine Vorstellungen von dem, was zukünftig sein würde. Über den Priester sagt er: »Ich habe ihm ein letztes Mal zu erklären versucht, dass mir nur wenig Zeit bleibt und dass ich sie nicht mit Gott verlieren will.« Später fügt er hinzu: »Nicht eine einzige seiner Gewissheiten wiegt das Haar einer Frau auf.«

Von diesem Priester, der ihn um jeden Preis aus dem gegenwärtigen Moment herausreißen will, um ihn dazu zu bringen, über seine Vergangenheit und über die Zukunft nachzudenken, sagt er: »Er war nicht einmal sicher, am Leben zu sein, weil er wie ein Toter lebte.«

Thich Nhat Hanh schließt daraus Folgendes: »Er hat nur noch drei Tage zu leben und weiß nicht, warum er an jenem

Tag in der Lage war, mit dem blauen Himmelsquadrat in Kontakt zu treten. Zum ersten Mal hat er den Himmel gesehen. Fünfunddreißig Jahre hat er schon gelebt, aber es ist das erste Mal, dass er wirklich den blauen Himmel berühren konnte. Er wusste es, er hatte nur noch drei Tage zu leben, und dieser Moment der Vollkommenen Achtsamkeit hat ihm geholfen, im Leben vollkommen präsent zu sein.«

Auf dieser Ebene kann ein Treffen mit Thich Nhat Hanh einige Überraschungen bereithalten. In San Francisco kam einmal ein Journalist und bat ihn um ein Gespräch über die Vollkommene Achtsamkeit. Im Allgemeinen empfängt er Journalisten nicht so gern, vor allem nicht die von den Printmedien, denen man mehr Zeit widmen muss. Diesen empfing er trotzdem, am Fuße eines riesigen Mammutbaumes. Er bot ihm Tee an, und da es, wenn man wirklich konzentriert ist, nicht möglich ist, ein Interview zu machen und dabei Tee zu trinken, bat er den Journalisten, das Interview zu vergessen, und als guter Verlierer akzeptierte der das auch.

»Ich habe ihm erklärt, wie man in Vollkommener Achtsamkeit eine Tasse Tee trinken kann«, erzählt Thich Nhat Hanh, »wie man den gegenwärtigen Augenblick mit einem Freund, der da sitzt, genießen kann. Er hat diese Übung sehr gut gemacht und diesen Moment, in dem wir Tee getrunken haben und unsere eigene Präsenz in der Welt und die Präsenz des anderen erlebt haben, sehr zu schätzen gewusst. Anschließend habe ich ihn aufgefordert, eine kurze Gehmeditation mit mir zu machen. Wir sind bis zu seinem Parkplatz gegangen, und auf dem Weg dahin habe ich ihm vorgeschlagen, den Himmel anzuschauen: ›Ich atme ein und bin mir des blauen Himmels bewusst; ich atme aus und lächle dem blauen Himmel zu.‹ Er hat das mit mir zusammen von ganzem Herzen praktiziert, und danach sagte er: ›Thay, das ist das erste Mal in meinem Leben, dass ich den Himmel auf solche Art und Weise sehe.‹«

Glücklicher Journalist! Er war sicher mit dem Kopf voller Fragen dort angekommen, aber weil er akzeptierte, den Augenblick zu leben, machte er bei Thay unter dem Mammutbaum die Erfahrung eines wunderbar erfüllenden Moments. Ein Augenblick der Stille, der ihm mehr vom Buddhismus und der Lehre Thays vermittelt hat, als es stundenlange Erklärungen vermocht hätten.

Man würde gerne wissen, wie die Bewohner von Village des Pruniers diese Vollkommene Achtsamkeit leben. Alle Gäste bestätigen übereinstimmend, dass sie regelrecht schockiert waren, als sie das erste Mal in einem der drei Klöster des Village des Pruniers ankamen. Die meisten hatten noch nie eine solche Atmosphäre erlebt, vor allem, wenn sie aus der Stadt kamen.

Die Mönche und Nonnen, die man trifft, scheinen von überirdischer Ruhe erfüllt. In ihrem Verhalten ist nicht die geringste Spur von Unruhe. Wenn sie gehen, dann tun sie es mit gemessenen Schritten, und wenn sie arbeiten, geschieht das schweigend und mit sparsamen Gesten. Wenn es nötig ist, etwas zu sagen, sprechen sie in gleichmäßiger Tonlage, ohne je laut zu werden.

Nachdem sich die Überraschung gelegt hat, beginnt man, sich wohl zu fühlen, so, als sei man geschützt vor den Aggressionen des Lebens. Es wird schnell klar, dass das alles nichts Übernatürliches hat. Es ist die Frucht der Vollkommenen Achtsamkeit. Jede Handlung ist bedeutsam, wenn sie im gegenwärtigen Augenblick erlebt wird, und allen kommen jene Sätze in den Sinn, die so oft in den Lehrreden von Thay zu hören sind: »Ihr könnt in jedem Augenblick eures Lebens glücklich sein. Glücklich beim Ausfegen oder Abwaschen, glücklich beim Lesen, Schreiben, Autofahren oder wenn ihr auf eurem Computer tippt ... Vorausgesetzt, ihr seid euch jeden Augenblick dessen bewusst, was ihr tut.«

Man kann sich in den ersten Tagen sagen, dass das unmöglich ist, dass es sich wieder nur um einen dieser Träume handelt, die so viele Illusionsverkäufer anpreisen, ein unerreichbares Ideal, einmal mehr; denn das ist ja das Drama des spirituellen Lebens: Man muss dem Unerreichbaren hinterherlaufen.

Sowie sie nur ein wenig Erfahrung gesammelt haben, haben die Gäste von Pruniers aber das Gefühl, auf dem richtigen Weg zu sein.

Schwester Gina, zum Beispiel, bestätigt, wie wir schon gehört haben, dass »achtsam leben so etwas wie eine Gewohnheit wird«. Zwar lebt sie nicht vierundzwanzig Stunden am Tag im gegenwärtigen Augenblick, aber wenn sie es nicht tut, weiß sie, dass sie immerzu dorthin zurückkehren kann. »Wenn ich richtig praktiziere«, fügt sie hinzu, »wird das Zurückkehren immer leichter, und ich bleibe immer länger.«

Schwester Isabelle, die Akupunktur macht, ist bereit, darüber zu sprechen, wie sie die Vollkommene Achtsamkeit erlebt:

»Die Praxis beschränkt sich hier nicht auf die Meditation. Wir versuchen, die Magie jeder Sekunde zu erfassen, die Schönheit einer Minute, die unbedeutend und alltäglich sein kann. Hier existiert kein wirklicher Unterschied zwischen dem Heiligen und dem Profanen. Wir versuchen, aus dem Leben eine Meditation zu machen. Bei ganz gewöhnlichen Handlungen. Wenn man etwas säubert und scheuert und wirklich mit beständiger Aufmerksamkeit dabei ist, kann man in Vollkommener Achtsamkeit leben, total präsent sein. Dieses Nicht-Unterscheiden gefällt mir ganz besonders. Das Ziel meines klösterlichen Lebens ist natürlich die Suche nach dieser Präsenz.

Die Präsenz des Buddha oder, wenn Sie so wollen, die Präsenz Gottes.«

Diese Präsenz, nach der die Mystiker aller Religionen so leidenschaftlich auf der Suche sind, muss in uns in den schwierigsten Momenten stets lebendig sein, mitten in den grausamsten Erlebnissen, die das Leben für uns bereithält, sei es eine schwere Krankheit oder der Tod eines lieben Menschen. Das erscheint verrückt, vollkommen unrealistisch, vielleicht unmöglich. Kann man trotzdem glücklich sein? »Ja«, sagt Thay, und während seiner ganzen Unterweisung kommt er immer wieder darauf zurück. Er hält sich an die Autorität des Buddha, der gesagt hat: »Ihr könnt glücklich sein, selbst wenn ihr Schmerzen habt.«

Als Erstes sollte man nicht versuchen, diesen Schmerz loszuwerden. Man sollte geschickter sein, ihn nicht ablehnen, sondern annehmen, ihn liebevoll umarmen, die Vollkommene Achtsamkeit walten lassen. Wir müssen mit unserem Schmerz sprechen, ihm sagen, dass wir für ihn da sind und dass wir uns um ihn kümmern werden.

»Wenn ihr das nächste Mal einen Schmerz in euch fühlt«, rät er mit diesem Lächeln, das sein Gesicht so wunderbar leuchten lässt, »dann sagt ihm: ›Mein kleiner Schmerz, ich weiß, dass du da bist. Ja, ich bin für dich da.‹ Erst danach kann die Meditation im Sitzen oder Gehen beginnen.«

Das entwickelt sich nicht von einem Tag auf den anderen, sondern wächst mit der Praxis, und dann kann man in jeder Situation glücklich sein.

»Das Glück ist möglich«, wiederholt er immer wieder. Wenn man ihn gehen sieht oder einer seiner Lehrreden zuhört, kann man zumindest sagen, dass er selbst der beste Beweis ist für das, was er sagt:

»Glück ist etwas, das sich durch Pflege herausbildet. Wie eine Orange, ein Pfirsich oder eine Blume.«

Über eine Orange, eine Blume meditiert er immer wieder, wie wir schon wissen, er kann sich stets aufs Neue an ihnen entzücken und in ihrer Schönheit das ganze Universum erkennen.

Es ist uns möglich, wie er betont, in jedem Augenblick diesen Zustand zu erreichen. In seinem Buch *Sur les traces de Siddharta (Wie Siddharta zum Buddha wurde)* enthüllt er uns das größte Geheimnis:

»Die Ursache des Leidens ist die Unwissenheit, eine irrige Art und Weise, die Wirklichkeit zu sehen. Zu denken, etwas sei beständig, das doch unbeständig ist, ist Unwissenheit. Zu denken, es gebe ein Selbst, während es das nicht gibt, ist Unwissenheit, aus der Gier, Wut, Angst, Eifersucht und zahllose andere Leiden entstehen. Dem Weg der Freiheit zu folgen besteht darin, die Dinge in ihrer Tiefe zu sehen, um die Natur der Unbeständigkeit wahrhaft zu erkennen. Die Abwesenheit eines isolierten Selbst und die wechselseitige Abhängigkeit aller Dinge. Wenn man diesen Weg geht, kann man die Unwissenheit besiegen. Ist dieser Weg einmal geebnet, wird das Leiden transzendiert. Es ist kein Selbst notwendig, um die Befreiung zu erlangen.«

Die Unbeständigkeit! Immer wieder die Unbeständigkeit!

Erinnern wir uns an Do-ji, der die Unbeständigkeit durch den Tanz entdeckt hat, durch die Bewegungen seines Körpers.

Wie er und so viele andere können wir uns diese Devise von Meister Thich Nhat Hanh zu Eigen machen, die wie eine Fahne im Wind flattert:

»Es lebe die Unbeständigkeit!«

8

DIE ERDE BERÜHREN

Es sind an die hundert, die im großen Meditationssaal ausgestreckt liegen. Noch einer mehr fände wahrscheinlich keinen Platz. Alle schließen die Augen, nach und nach tritt Stille ein, dann erhebt sich eine Stimme, die fast überirdisch klingt, sehr melodiös und so sanft und leise, dass man sich beim Zuhören anstrengen muss. Eine Stimme, die sagt: »Macht es euch bequem, schließt die Augen, und entspannt euch. Habt vor allem keine Angst, einzuschlafen, denn wenn ihr einschlaft, ist das nicht so schlimm. Es ist im Gegenteil ein Zeichen, dass ihr es geschafft habt, euch völlig zu entspannen.« Man meint, einen Seufzer der Erleichterung aus der Versammlung aufsteigen zu hören. Tatsächlich kann man nach einigen Minuten leise Geräusche wahrnehmen, die bei einigen schnell in leichtes Schnarchen übergehen.

Wieder ertönt die Stimme. Heute dient die tiefe Entspannung dazu, unseren Körper einer inneren Inspektion zu unterziehen, ein Glied nach dem anderen, Organ für Organ, nach und nach überall aufmerksam zu verweilen, jeden Teil des Körpers wahrzunehmen, zu fühlen und um Verzeihung zu bitten, wenn wir ihn im Laufe unseres Lebens brutal behandelt haben. Es ist gleichzeitig eine Art Examen durch das Bewusstsein, bei dem wir gewahr werden, wie schlecht wir mit diesem doch so kostbaren Körper umgegangen sind, wie sehr wir unsere Leber strapaziert, unsere Augen durch unmenschliche Frondienste ermüdet und unser Gehirn pausenlos zum Arbeiten gezwungen haben ... Jetzt soll alles zur Ruhe kommen, wieder seine

Ordnung finden, und dazu lenken wir den Atem in jeden Teil des Körpers. Langsam und in aller Ruhe.

Die Körper sind mittlerweile entspannt, auf den Boden hingegossen. Jetzt wird die Stimme zu Musik, sie singt leise Lieder, Wiegenlieder, und versenkt damit auch die, die bisher noch wach waren, in Halbschlaf.

Diese so harmonische Stimme ist die von Schwester Chan Khong, einer Persönlichkeit, an der im Village des Pruniers kein Weg vorbei führt. Wenn man sie fragt, woher sie kommt und wer sie ist, antwortet sie überaus bescheiden: »Ich bin die Sekretärin von Thay.« In Wirklichkeit ist sie sehr viel mehr als das. In Vietnam und später überall in der Welt war sie die Gefährtin all seiner Kämpfe und seines endlosen Ringens um Frieden in den Herzen.

Heute ist sie die »Mutter« von Village des Pruniers, an die man sich wendet, wenn man Hilfe braucht, die zuhört, Verständnis hat und Lösungen für alle Probleme findet. Sie erscheint so lebensfroh, so ruhig, so entspannt, und doch ist ihr Leben so fesselnd wie der spannendste Abenteuerroman. Ein leidenschaftliches Leben, über das sie in ihrem Buch *Aus Liebe zu allen Wesen* berichtet hat. Ein Leben, das sie dazu führte, sich, während sie ihre botanischen Forschungen fortsetzte, bei allen Kämpfen zu engagieren, um den Leiden ihres Volkes im Krieg eine Stimme zu geben.

»Seit meinem vierzehnten Lebensjahr«, erinnert sie sich, »habe ich dadurch, dass ich Straßenkindern etwas zu essen gegeben und meine Einkünfte mit armen Gymnasiasten geteilt habe, mehr Frieden und Freude erfahren als durch irgendeinen Versuch, die Erleuchtung zu erlangen.«

Da sie davon überzeugt war, dass allein ein engagierter Buddhismus wahrer Buddhismus sein kann, war es nur natürlich, dass sie auf Thich Nhat Hanh traf. Das geschah 1959, sie war damals einundzwanzig Jahre alt. Im Jahr darauf schrieb sie ihm, um deutlicher zu machen, was sie dachte: Wenn sie den Unglücklichen half, dann nicht, um sich Verdienste zu erwerben, »um Punkte für ein zukünftiges Leben zu sammeln«. »Ich möchte«, schrieb sie, »den Menschen helfen, sich von ihren Leiden zu befreien und im gegenwärtigen Moment glücklich zu sein.«

Zusammen mit Thay gründete sie die Schule der Jugend für Sozialarbeit, die schon bald tausende von Freiwilligen vereinte. Schon lange vor der Tet-Offensive in Saigon gelang es ihr, die Gegner vom Kämpfen abzubringen und so hunderte von Leben zu retten. Später ging sie mit an Bord der Schiffe, die Thay gechartert hatte, um die Boatpeople aufzunehmen.

Kurz bevor die Kommunisten kamen, musste sie schließlich ihr geliebtes Vietnam verlassen. »Ich hatte weder Kraft noch Lust, zu leben«, schreibt sie. »Immer, wenn ich an Vietnam dachte, wollte ich sterben oder einschlafen und nie mehr aufwachen. Mein Herz fühlte sich an wie von einer brutalen Faust zerdrückt. Monatelang war alles, was ich machen konnte, meiner Atmung zu folgen und jedes Ein- und Ausatmen mit meinem ganzen Wesen zu begleiten, denn immer, wenn ich aufhörte, auf meine Atmung zu achten, fiel ich in tiefste Verzweiflung.«

Bei ihrer Ankunft in Frankreich hatte sie zunächst das Gefühl, in eine unwirkliche Welt zu geraten: All diese Menschen, die kamen und gingen, lachten, sich ins Café setzten, ins Theater gingen ... Ihnen war nicht bewusst – und konnte es auch nicht sein –, welches Leid sie miterlebt hatte. Sie brauchte Zeit, um sich an den Frieden zu gewöhnen. Wieder wartete ein Abenteuer auf sie, zum Glück ein friedlicheres.

Schon bald hatte sie zusammen mit Thich Nhat Hanh eine kleine Gemeinschaft gegründet, die »Süßkartoffeln«, am Rande des Waldes von Othe. Sie hatten die Vorstellung, wieder ein klösterliches Leben zu führen und dabei auch diejenigen aufzunehmen, die bei ihnen leben wollten oder einfach kommen und eine Zeit lang etwas Kraft schöpfen wollten.

Es war nur ein sehr kleines Haus, und es stellte sich schon bald heraus, dass der Platz nicht ausreichte. Außerdem brauchte Thay Wärme und Sonne.

Sie entschließen sich also, in der Provence einen passenden Ort zu suchen. Leider kommen sie dort bei starkem Mistral an. Nun fassen sie die Gegend weiter südwestlich ins Auge. Nach langem Suchen finden sie schließlich in Thénac, tief in der Dordogne, ein kleines Anwesen, das aus drei schlecht erhaltenen Gebäuden besteht und zu dem acht Hektar Land gehören.

Sie erleben eine schwere Zeit. Thay war in Vietnam berühmt gewesen, aber in Frankreich kennt ihn niemand. Seine Bücher sind auf Vietnamesisch geschrieben, und auch davon sind ihm nur wenige geblieben. Und eben die Vietnamesen, die Flüchtlinge und auch die, die schon länger in Frankreich leben, ermöglichen es ihm, wieder Fuß zu fassen. Durch Mundpropaganda erfahren immer mehr, dass es in Frankreich eine kleine Gemeinschaft gibt, die von einem vietnamesischen Mönch geleitet wird. Viele wollen gerne dorthin kommen, glücklich über die Möglichkeit, eine buddhistische Gemeinschaft zu finden und ihre Sprache sprechen zu können. Vor allem wollen sie ihre Religion praktizieren, und es macht ihnen wenig aus, dass die Lebensumstände spartanisch sind.

So spartanisch, dass die Landratsbehörde bei ihrem Besuch der Gemeinschaft von Thénac Besorgnis äußert. Eine Heizung gibt es so gut wie gar nicht, und die Betten bestehen aus

Brettern, die auf vier Klötzen liegen, mit einer kleinen Matratze darauf. In Thénac einigt man sich recht und schlecht, aber die Gebäude erweisen sich als zu klein, so dass sie einige Kilometer entfernt ein zweites Anwesen kaufen müssen, im angrenzenden Département Tarn-et-Garonne. Die Behörden dort zeigen sich pingeliger. »Aber sie werden ihre Gäste töten!«, ruft ein Beamter aus.

Der Landrat von Marmande gibt am Ende Anweisung, die Einrichtung zu schließen. Das ist ein harter Schlag. Schwester Chan Khong wird aktiv und bemüht sich vergeblich um einen Termin beim Landratsamt. Sie hat das Gefühl, Opfer einer gewissen Diskriminierung zu sein, und verdoppelt ihre Gehmeditationen und die »Berührungen der Erde«, um Gelassenheit zu bewahren. Lassen wir sie dieses Abenteuer selbst erzählen:

»Ich sagte mir: Diesem Herrn, der mich nicht empfangen will, muss ich jedes Mal, wenn ich an ihn denke, auch Energie senden, die gute Energie Gottes, des Buddha ... Als in meinem Herzen wieder Frieden war, sagte ich mir: Vielleicht wissen sie nicht, wer wir sind. In diesem Land ist viel von Sekten die Rede, und das macht Angst. Vorher war ich nur mit dieser Ungerechtigkeit uns gegenüber beschäftigt. Ich dachte, sie seien Rassisten, aber als ich ruhiger wurde, schickte ich diesem Mann die Energie der Schönheit, und plötzlich fühlte ich mehr Frieden in mir. Ich begriff, dass er Angst hatte, Angst vor den Sekten und den Medien.

Und dann erinnerte ich mich, dass es da während des Krieges Monsieur Jacques Chaban-Delmas und Monsieur Jean-François Poncet gegeben hatte, die mich empfangen hatten, weil sie unsere Freunde waren. Ich schrieb diesen Herren und bat sie, uns zu unterstützen. Sie schrieben dann einen Brief, und alles wurde geregelt.«

Die beiden Klöster Thénac und Loubès-Bernac waren schnell überfüllt. Das eine war von Mönchen, das andere von Nonnen bewohnt, aber es fehlte an Platz für Besucher und Retreat-Teilnehmer, die immer zahlreicher kamen.

Es stand damals gerade ein Anwesen in fünfzehn Kilometern Entfernung zum Verkauf, nah bei einem Dorf, das Dieulivol (Dieu le veut, Gott will es) hieß, im Département Gironde. Seit vielen Jahrzehnten schon wanderte die Dorfbevölkerung ab, so dass der Bürgermeister beschlossen hatte, ein ländliches Freizeit- und Vergnügungscenter einzurichten. Das lief nicht, und es hatten sich Schulden angehäuft, die Gebäude wurden beschlagnahmt und zur Versteigerung ausgeschrieben. Fünf Jahre lang hatte sich kein Interessent gezeigt.

So kam es zum Kauf des »neuen Weilers«, eines schönen Anwesens, in dem Besucher und Ehepaare, die einen Retreat machen wollen, beherbergt werden.

Auch dort musste man sich anfangs darum bemühen, akzeptiert zu werden. »Sobald alle Papiere unterzeichnet waren«, erinnert sich Schwester Chan Khong, »stellte ich mich dem Bürgermeister vor. In der folgenden Zeit haben wir uns sehr unauffällig verhalten, das ist eben die vietnamesische Diskretion. Eines Tages kam der Bürgermeister zu uns zu Besuch. Er sah einen großen Meditationssaal mitten in den Feldern. Der frühere Ballsaal war zu einem Saal des Buddha geworden.«

Ganz in der Nähe gab es eine Grotte und eine Kapelle aus dem 12. Jahrhundert, wo die Leute aus dem Dorf schon seit Urzeiten jedes Jahr zusammenkamen. Früher einmal war es ein großes Fest gewesen, aber nun starb dieser Brauch wegen der Landflucht langsam aus. In der letzten Zeit waren es gerade mal ein paar alte Frauen gewesen, die dort einmal im Jahr zusammenkamen.

Schwester Chan Khong versprach zu kommen, aber sie kam nicht alleine. Sie brachte die zweihundert Menschen mit, die sich an diesem Tag in den drei Klöstern aufhielten, so dass dieser schon fast vergessene Brauch wieder zu einem schönen Fest wurde, mit einer Prozession, Glockengeläut und einem Zug von Kindern, die, eine Kerze in der Hand haltend, sangen: »Wenn ich einatme und wenn ich ausatme, bin ich die Blume, ich bin gefestigt, ich bin ruhig ...«

»Die Leute«, erzählt die Schwester, »waren sehr überrascht, als sie sahen, dass die Köpfe der buddhistischen Nonnen kahl rasiert waren. Das machte auf sie den Eindruck, als würden wir zu einer anderen Welt gehören. Immerhin gab es bei der Eucharistie zwei Nonnen, die zur Kommunion gingen, denn sie waren immer noch katholisch. Der Priester war darüber sehr glücklich.«

So gestalteten sich die Beziehungen zu den Menschen der Umgegend ganz hervorragend, umso mehr, als die Gemeinschaft jedes Jahr einen Tag der Offenen Tür in den drei Klöstern veranstaltet.

Schwester Chan Khong betont ausdrücklich, dass ein buddhistisches Kloster nicht nur eine spirituelle Rolle spielen, sondern auch eine soziale Funktion haben sollte, und das trifft für das Village des Pruniers zu. Es kommen sehr viele mit Problemen dorthin, bei deren Lösung sie Hilfe brauchen.

Wir haben schon von dem »Neuanfang« gesprochen, der vor allem Ehepaaren vorgeschlagen wird. Er spielt eine große Rolle bei der Beseitigung von Schwierigkeiten, die unweigerlich irgendwann einmal zwischen Ehepartnern auftauchen.

Auch Heranwachsende kommen oft mit großen Problemen. Meistens reisen sie in Begleitung ihrer Eltern nach Village des

Pruniers. Manchmal stecken sie mitten in einer Phase, in der sie besonders aufsässig sind, wie dieser Junge, der sich sehr schlecht benahm.

»Er saß so da«, erinnert sich die Schwester, »dass ich seine Füße direkt vor dem Gesicht hatte. Ich begriff, dass er das tat, um seine Eltern zu provozieren, und dass sie sehr wütend waren. Ich hielt sie aber davon ab, mit ihm zu schimpfen, weil ich sein Vertrauen gewinnen wollte.

Nachdem die Eltern über ihre Sicht der Dinge gesprochen hatten, sagte ich zu dem Jungen: ›Jetzt bist du an der Reihe. Du musst sagen, was dir an deinem Vater und deiner Mutter nicht gefällt. Vielleicht verstehst du sie nicht. Sie lieben dich bestimmt sehr, aber womöglich bist du nicht mit ihnen einverstanden, weil du das Gefühl hast, dass sie dir ihre Sichtweise aufdrängen wollen. Oder sie haben vielleicht nicht verstanden, was du willst.‹

Dieser Junge hatte vieles auf dem Herzen, und die Eltern spielten mit und ließen ihn zu Ende reden, ohne ihn zu unterbrechen. Als er fertig war, sagte ich zu ihm: ›Ich möchte objektiv sein. Ich habe versucht, mich in deine Lage zu versetzen, und jetzt werde ich versuchen, die Situation deines Vaters und dann die deiner Mutter nachzuvollziehen. In einer Familie ist es sehr wichtig, dass man sich gegenseitig versteht, und darum muss man frei sprechen können.‹

Am Ende waren sie sehr glücklich, und ich bat sie, die ›Meditation der Umarmung‹ zu machen, das heißt, sich aneinander zu schmiegen und dabei dreimal tief zu atmen.«

Diese Meditation der Umarmung ist sehr wichtig, auch wenn sie nicht zur traditionellen Lehre gehört. Tatsächlich reagierte Thich Nhat Hanh, als ein Schüler das erste Mal um die Erlaubnis bat, ihn umarmen zu dürfen, mit Widerstreben. In Asien macht man so etwas nicht.

Später dachte er darüber nach. Er machte sich klar, dass Menschen aus dem Westen an solche Gesten gewöhnt waren, und sagte sich, dass er es zulassen sollte, dass sie sich auf diese Weise ausdrückten, da er ja nun im Westen lebte. Nur sollte das keine banale Geste sein, sondern wirklich der Ausdruck einer spirituellen Praxis. Deshalb nennt er es »Meditation der Umarmung« und bittet die Schüler, dabei drei tiefe Atemzüge zu machen.

Viele bezeugen, dass diese Form der Meditation für sie eine große Hilfe war. Es gibt zum Bespiel viele Ehepaare, die sie auf den Vorschlag von Thay hin praktizieren, wenn ein Problem auftaucht. Sie begreifen, wie wertvoll sie füreinander sind und welch großes Glück es ist, lebendig zu sein, sich in den Armen zu halten und dabei gemeinsam zu atmen. Das genügt manchmal, um wieder eine Harmonie herzustellen, die zeitweise gestört war.

Schwester Chan Khong könnte Dutzende von Geschichten dieser Art erzählen und so zeigen, dass das Village des Pruniers wirklich eine soziale Funktion hat. Man kümmert sich hier um Leiden und Ängste, um psychische Probleme und menschliche Beziehungen, und das ist bereits ein weites Feld. Aber niemals können Thay und Schwester Chan Khong den Blick all der traumatisierten Kinder vergessen, mit denen sie im Krieg zusammen waren. Den leidenden Kindern von Vietnam gilt ihre ständige Sorge, und sie verwenden viel Zeit und Energie darauf, ihnen zu helfen.

Und das nicht erst seit gestern. Schon vor dreißig Jahren, als sie erst kurze Zeit in Frankreich waren, lag ihnen dieses schmerzhafte Problem auf der Seele. Bewegt erinnert sich Schwester Chan Khong an den Tag, an dem ein achtzehnjähriger Junge sie mit einer Rose in der Hand besuchen kam. Er hieß Pierre Marchand und war tief erschüttert, als er Thay bei einer Versammlung über die Grausamkeiten des Krieges sprechen hörte. Mit dem Enthusiasmus der Jugend hatte er sofort vorgeschlagen, ein großes Konzert mit den bekanntesten Chansonsängern zu organisieren, um eine große Geldsumme zu sammeln.

Natürlich hatte die Schwester anfangs Vorbehalte, denn der Saal von Maubert Mutualité mit seinen zweitausend Plätzen, den Pierre Marchand vorgeschlagen hatte, kostete damals 3700 Francs Miete pro Abend, eine enorme Summe, wenn man bedenkt, dass man für 25 Francs im Monat ein Kind unterstützen konnte. Es handelte sich also um ein riskantes Spiel. Nachdem sie sich dafür entschieden hatte, setzte sich Schwester Chan Khong mit aller Kraft dafür ein, diesen Abend zu einem Erfolg werden zu lassen. Sie belud ihren 2CV mit Stapeln von Plakaten und beklebte damit ganz Paris, und wenn die Plakate überklebt waren, hängte sie neue auf.

Am Galaabend musste man dann viel Publikum abweisen oder vielmehr die jungen Leute, die kein Billett mehr bekommen hatten, ohne Eintrittskarte einlassen.

Seitdem dauert die Aktion an. Es wurde ein Komitee gegründet, um den hungernden Kindern zu helfen. Anfangs nannte es sich »Teilen mit den Kindern von Vietnam«, heute heißt es einfach »Teilen«. Selbst die Pflaumen, die von den zweitausend Bäumen des Dorfes geerntet werden, tragen zu dieser Aktion bei, weil der größte Teil des Verkaufserlöses den Kindern von Vietnam zugute kommt.

Wenn man Schwester Chan Khong näher kennen lernt und entdeckt, wie vielfältig ihre Aktivitäten sind und wie viel Energie sie auf jede davon verwendet, fragt man sich unwillkürlich, woher sie die Kraft für alles das nimmt. Sie entzieht sich mit einem Scherz und sagt, sie sei eben ein Atomkraftwerk. In Wirklichkeit schöpft sie diese Energie aus Mutter Erde, aus der Übung, die im Village des Pruniers täglich unter der Bezeichnung »Die Erde berühren« praktiziert wird.

Es lohnt sich, kurz darauf einzugehen.

»Die Erde zu berühren« ist nach ihren Worten äußerst wichtig für sie. »Mit Hilfe dieser Übung kann man Körper und Seele heilen.«

Es geht darum, sich durch Niederwerfen mit Mutter Erde zu verbinden, aber auch mit den Ahnen, mit all denen, die uns im Laufe der Jahrhunderte zu dem gemacht haben, was wir jetzt sind. Sie haben uns ihre Energie übertragen, ihre Kraft, ihre guten Eigenschaften, aber auch ihre Mängel. Sie bilden die Grundlage unseres Körpers, unserer Seele und unseres Geistes. Sie verbinden uns mit der Vergangenheit, aber auch mit den machtvollen Kräften des Universums. Hier findet man den Ahnenkult wieder, der den Asiaten und den Indianern so heilig ist.

»Wenn wir morgens erwachen«, erklärt Schwester Chan Khong, »berühren wir die Erde und sagen uns, dass unsere Ahnen in uns auferstehen. Indem ich die Erde berühre, fühle ich meine genetische Familie, meinen Vater, meine Mutter, meine Großeltern. Ich sehe sie als junge Männer und Frauen vor mir. Nicht die zweiundneunzigjährige alte Mutter, sondern Mama mit achtzehn Jahren, mit ihren schwarzen Haaren, ihren blitzenden Augen und der jungen, glatten Haut. Ich fühle, wie viel Kraft mein Vater hat.

Anschließend lege ich, wenn ich die Erde berühre, all die Schwächen meiner Eltern auf der Erde ab. Auch Vietnam mit seinen Kokos- und Bananenplantagen und seinen Bauern, die von den Bomben getötet wurden.

Danach sage ich, wenn ich die Erde berühre: Ich bin die Energie all meiner spirituellen Ahnen, des bescheidenen Mönchs, den ich getroffen habe, all der Buddhisten in meiner kleinen Heimatstadt in der Provinz, all meiner Freunde und Freundinnen in Saigon, die eine so gute Arbeit geleistet haben, und auch des Sangha hier, mit seinen Vietnamesen, Franzosen, Holländern, Deutschen und Amerikanern ... Von all diesen Menschen empfange ich eine ungeheure Energie, die ich dann dem kleinen Mädchen in mir schicken kann, das so viele Verletzungen erlitten hat und sich darum manchmal dickköpfig und heftig zeigt.«

Jetzt, da Schwester Chan Khong in Frankreich lebt, hat sie noch andere Ahnen entdeckt, so dass sie sagen könnte: meine Ahnen, die Gallier.

»In Frankreich sind meine Ahnen der Erde die Menschen, die die Bastille gestürmt und die feudalen Gesetze beseitigt haben. Zweifellos hat Robespierre zu viele Menschen getötet, aber nach ihm gab es auch viele Fortschritte. Das Leben ist menschlicher geworden, und ich gehöre zu denen, die davon profitieren. Ich bekomme Energie von diesen neuen Ahnen. Ich habe *Les Misérables*, *Die Elenden*, von Victor Hugo sehr geliebt, und ich fühle Gavroche in mir und Marius und all die Menschen, die so sehr danach strebten, etwas Gutes zu tun. Die ganze Welt ist in mir, ich fühle mich stark und reich. Ja, als ich nach Frankreich kam, habe ich den Frieden und die Freiheit, die hier herrschen, genossen. Was für ein Glück, überallhin reisen zu können, ohne um Erlaubnis bitten zu müssen. In Vietnam brauchte ich eine, nur um nach Duras zu kommen. Das sind Dinge, die einem nicht in den Schoß fallen. Unsere Ahnen haben dafür gekämpft.«

9

EINE PRAXIS DER FREIHEIT

Der Retreat geht zu Ende. Die Gesichter wirken friedvoll, und an die Stelle der Schüchternheit und Befangenheit der ersten Tage tritt jetzt das Gefühl, dass es ein großes Glück ist, zusammen zu sein und diese Woche, die so erfüllt war von intensiven Ereignissen, gemeinsam erlebt zu haben.

Trotzdem ist zu merken, dass bei einigen eine leise Besorgnis aufkommt. Ihnen geht es gut, sie sind glücklich, und sie haben das Gefühl, zumindest eine Ahnung davon zu besitzen, was ein Leben in Vollkommener Achtsamkeit für sie bedeuten könnte. Sie möchten, dass dieser wunderbare Zustand nie aufhört, und gleichzeitig wissen sie, dass sie bei ihrer Rückkehr nach Hause die Probleme des Alltags vorfinden werden, dem sie eine Zeit lang entkommen sind. Probleme mit dem Geld, den Steuern, Spannungen bei der Arbeit und in der Familie, die täglichen Katastrophen in den Fernsehnachrichten und, bei denen, die in der Stadt leben, Gewalt, Staus und endloser Verkehr auf den Straßen.

Was könnte ihnen helfen, inmitten all dieser Unruhe den inneren Frieden zu bewahren? Sie haben sicher gute Vorsätze gefasst, einige wollen sich in ihrem Haus eine Ecke einrichten, in der sie meditieren können; andere wollen nach dem Beispiel von Thay eine Abmachung mit ihrer Treppe treffen und wieder andere sich einem Sangha anschließen oder Zeit einplanen, um Gehmeditation in ihrem Wohnzimmer oder in ihrem Garten zu praktizieren. Aber alle wissen, wie schnell Entschlüsse umgestoßen werden, die am Ende eines Retreats gefasst werden. Sie wissen, wie schnell schlechte Angewohnheiten wieder zum Tragen kommen. Wie werden sie dem entgehen?

Ihnen empfiehlt Thay eine Methode, die eine Hilfe sein kann, im täglichen Leben achtsam zu bleiben: die fünf Achtsamkeitsübungen. Sie können jederzeit praktiziert werden. Man ist darauf nicht festgelegt, kann aber auch, wenn man fortgeschritten ist, bei einer Zeremonie offiziell das Gelübde ablegen, sie ein Leben lang zu beachten.

Das mag wie eine moralische Abhandlung erscheinen, aber Thay betont ausdrücklich, dass es dabei nicht um etwas Absolutes geht, um Regeln, denen man sich unterwirft, weil man sich sonst schuldig fühlt. Wesentlich ist, in diesen fünf Regeln ein Ziel zu sehen und dabei zu wissen, dass es unmöglich ist, sie vollkommen einzuhalten. Absolut notwendig aber ist – und dazu gehört ein Entschluss –, sich die Zeit zu nehmen, sie mindestens einmal in der Woche zu rezitieren und alles, was sie beinhalten, sorgfältig zu überlegen. Es ist auch nicht nötig, alle fünf zu rezitieren, sondern nur die, die man bereit ist einzuhalten.

Hier nun der Text der fünf Achtsamkeitsregeln.

Er beginnt mit einem kurzen Prolog:

»Die fünf Übungen sind die Grundlage für ein glückliches Leben. Sie zeigen einen Weg, das Leben zu schützen, es schön und lebenswert zu machen. Sie sind auch ein Weg, um zur Erleuchtung und Befreiung zu gelangen. Hört jede Übung an, und antwortet jedes Mal leise mit Ja, wenn ihr dabei seid, euch zu bemühen, sie zu studieren, sie anzuwenden und zu beachten.«

Erste Übung

Im Bewusstsein des Leides, das durch die Zerstörung des Lebens entsteht, gelobe ich, Mitgefühl zu entwickeln und Wege zu erlernen, das Leben von Menschen, Tieren und Pflanzen zu schützen. Ich verpflichte mich, nicht zu töten, das Töten durch andere zu verhindern und keine Form des Tötens zu dulden, sei es in meinen Gedanken oder in meiner Lebensführung.

Zweite Übung

Im Bewusstsein des Leides, das durch Ausbeutung, soziale Ungerechtigkeit, Diebstahl und Unterdrückung entsteht, bin ich entschlossen, liebevolle Güte zu entwickeln und Wege zu erlernen, die dem Wohlergehen der Menschen, Tiere und Pflanzen dienen. Ich verpflichte mich, Großzügigkeit zu üben, indem ich meine Zeit, meine Energie und materiellen Mittel mit denen teile, die sie brauchen. Ich verpflichte mich, nicht zu stehlen und mir nichts anzueignen, das mir nicht zusteht. Ich will das Eigentum anderer achten, aber auch andere davon abhalten, sich durch menschliches Leid oder durch das Leid anderer Lebensformen zu bereichern.

Dritte Übung

Im Bewusstsein des Leides, das durch sexuelles Fehlverhalten entsteht, bin ich entschlossen, Verantwortungsbewusstsein zu entwickeln und die Sicherheit und Integrität von Individuen, Paaren, Familien und der Gesellschaft zu schützen. Ich bin entschlossen, keine sexuellen Beziehungen ohne Liebe und die

Absicht einer dauerhaften Bindung einzugehen. Um mein eigenes Glück und das der anderen zu bewahren, will ich die von mir und anderen eingegangenen Bindungen achten. Ich will alles mir Mögliche tun, um Kinder vor sexuellem Missbrauch zu schützen und um zu verhindern, dass Paare und Familien infolge sexuellen Fehlverhaltens auseinander brechen.

Vierte Übung

Im Bewusstsein des Leides, das durch unbedachtes Reden und die Unfähigkeit, anderen zuzuhören, entsteht, bin ich entschlossen, mit meinen Mitmenschen liebevoll zu reden, um ihren Kummer zu lindern und ihnen Glück und Freude zu bereiten. In dem Wissen, dass Worte sowohl Glück als auch Schmerz hervorrufen können, bin ich entschlossen, wahrhaftig und einfühlsam reden zu lernen und Worte zu benutzen, die Selbstvertrauen, Freude und Hoffnung fördern. Ich verpflichte mich, keine Information weiterzugeben, ohne ganz sicher zu sein, dass sie der Wahrheit entspricht, und nichts zu verurteilen oder zu kritisieren, worüber ich nichts Genaues weiß. Ich will keine Worte gebrauchen, die Hass oder Zwietracht säen oder zum Zerbrechen von Familien oder der Gemeinschaft führen können. Ich will mich um Versöhnung und die Lösung von Konflikten bemühen, so klein diese auch sein mögen.

Fünfte Übung

Im Bewusstsein des Leides, das durch unachtsamen Umgang mit Konsumgütern entsteht, bin ich entschlossen, auf körperliche und geistige Gesundheit zu achten, bei mir, meiner Familie und der Gesellschaft, indem ich mit Achtsamkeit esse, trinke und konsumiere. Ich bin entschlossen, nur das zu mir zu nehmen, was das Wohlbefinden, das Glück und den Frieden meines Körpers fördert und ebenso der allgemeinen körperlichen und geistigen Gesundheit dient. Ich bin entschlossen, auf Alkohol und jedes andere Rauschmittel zu verzichten und auf alles, was eine schädliche Wirkung hat, wie zum Beispiel bestimmte Fernsehsendungen, Zeitschriften und Gespräche. Ich bin mir bewusst, dass ich an meinen Eltern, meinen Vorfahren und der künftigen Generation treulos handle, wenn ich meinen Körper und meinen Geist derart schädigenden Einflüssen aussetze. Ich will an der Überwindung und Transformation von Gewalt, Angst, Wut und Verwirrung in mir selbst und in der Gesellschaft arbeiten, indem ich versuche, maßvoll zu leben. Mir ist bewusst, dass eine solche maßvolle Lebensführung für die Veränderung meiner selbst ebenso entscheidend ist wie für die Veränderung der Gesellschaft.

Natürlich kann es sein, dass man davor zurückschreckt, sich zu einem solchen Weg zu verpflichten, und sich nicht für fähig hält, Gelübde dieser Art einzuhalten. Einige fühlen sich vielleicht durch das abgestoßen, was wie Moralismus erscheint, der heutzutage keine gute Presse hat. Aber – man muss es noch einmal sagen – es geht nicht um absolute Regeln. Nur um das Ziel, nach dem man streben soll. Vor allem geht es nicht darum, in diese Art von Schuldgefühlen zu verfallen, die uns so sehr geschadet haben.

Thich Nhat Hanh äußert sich dazu sehr klar. Am Ende des Retreats antwortete er Folgendes auf eine Frage:

»Niemand kann diese fünf Achtsamkeitsregeln vollkommen einhalten. Auch der Buddha nicht. Wenn ich zum Beispiel esse, dann töte ich. Wenn ich Wasser trinke, dann töte ich auch. Glaubt ihr denn, dass dieses Gericht aus gekochtem Gemüse ganz und gar vegetarisch ist? Wenn ihr tief schaut, dann seht ihr die Bakterien, die durch das Kochen getötet worden sind. Mein vegetarisches Essen ist also nicht vollkommen vegetarisch. Entscheidend dabei ist, so zu essen, dass Vollkommene Achtsamkeit möglich ist und dass ihr in euch Mitgefühl bewahren und entwickeln könnt. Das ist alles. Ein Mensch, der kein Mitgefühl hat, kann keine Beziehungen zu anderen Lebewesen aufnehmen. Er ist völlig isoliert. Mitgefühl und Verstehen zu entwickeln heißt, wahrhaft mit anderen kommunizieren zu können. Glück ist möglich, wenn ihr kommunizieren, mit anderen eins sein könnt.

Wenn die Frucht aber noch nicht reif ist, dann rate ich euch davon ab, euch auf die Regeln zu verpflichten. Man darf nichts erzwingen, das wäre gewaltsam. Ihr könnt diese Regeln erst übernehmen, wenn ihr eine tiefe Sicht der Dinge habt.

Man kann nicht sofort alles tun. Wenn ihr keinen Kompass habt und Richtung Norden gehen müsst, dann könnt ihr den Polarstern benutzen. Das soll nicht heißen, dass ihr beim Polarstern ankommt. Ihr werdet einfach nur die Richtung nach Norden einhalten. Ihr müsst nicht perfekt sein. Ich habe euch schon gesagt, dass selbst der Buddha bei den fünf Achtsamkeitsregeln nicht perfekt ist. Er muss gehen, und beim Gehen werden möglicherweise kleine Lebewesen unter seinen Schritten getötet. Man darf in seiner Betrachtungsweise nicht zu rigide sein. Zum Wesen vordringen und nicht in der Form stecken bleiben.

Für mich sind die fünf Achtsamkeitsregeln eine Praxis der Freiheit.«

Man kann den Weg noch weitergehen. Einige haben ein Gelöbnis abgelegt, die fünf Achtsamkeitsregeln in ihrem Alltag beständig einzuhalten, und nach langer Praxis und mehreren Aufenthalten im Village des Pruniers um Aufnahme in den Orden des Interseins gebeten. Sie sind dann verpflichtet, nicht nur nach fünf, sondern nach vierzehn Regeln zu leben, was aus ihnen Mitglieder einer Art von Laienorden macht, ähnlich den Laienorden der Benediktiner oder Franziskaner. Wenn sie in Pruniers sind, erkennt man sie an ihrem speziellen Gewand, einer Art Bluse von brauner Farbe.

Vor allem, und das ist vielleicht das Bemerkenswerteste, versprechen sie, sich der Ökumene zu öffnen und jede Art von Sektierertum abzulehnen.

Wir wollen die erste Regel zitieren, weil sie die Richtung zeigt:

»Im Bewusstsein des Leides, das durch Fanatismus und Intoleranz entsteht, sind wir entschlossen, keine Lehrmeinungen, Theorien oder Ideologien, einschließlich der buddhistischen, zu vergöttern und ihnen anzuhängen.

Buddhistische Lehren sind Hilfsmittel, die es uns ermöglichen, durch tiefes Schauen Verstehen und Mitgefühl zu entwickeln. Sie sind keine Dogmen, für die gekämpft, getötet oder gestorben werden sollte.

Man sollte sich auch nicht an Ansichten und Vorstellungen binden, die man momentan vertritt. Der Geist sollte für Einsichten und Erfahrungen anderer offen sein. Wir sind uns bewusst, dass unser derzeitiges Wissen keine unveränderliche, absolute Wahrheit ist.

Wir dürfen unsere Meinung niemandem aufdrängen, auch unseren eigenen Kindern nicht. Wir wollen das Recht anderer respektieren, anders zu sein und selbst zu wählen, woran sie glauben. Wir wollen jedoch anderen in anteilnehmenden

Gesprächen helfen, Fanatismus und Engstirnigkeit zu überwinden.«

Vielleicht ist es dieser Geist des Verstehens, der absoluten Toleranz und des Respekts für den Glauben anderer, der uns am meisten am Village des Pruniers angezogen hat. Und darum fühlen sich auch all die vielen Menschen anderer Rasse oder Religion hier so wohl.

Einem Mann, der ihm sagte, er könne nicht Zuflucht nehmen, weil er gerne weiterhin etwas Wein trinken würde, antwortete Thay mit einem wahrhaften Glaubensbekenntnis:

»Versuchen wir einmal, tiefer vorzudringen und nicht nur an der Oberfläche zu bleiben. Nicht weil Sie Zuflucht nehmen, können Sie ein wahrer Buddhist werden. Nicht die Kutte macht den Mönch. Vielleicht sind Sie schon ein wahrer Buddhist, bevor Sie Zuflucht nehmen. Wenn Sie ständig in Achtsamkeit leben, wenn Sie in Vollkommener Achtsamkeit eine Orange essen können, dann sind Sie schon ein Buddhist. Sie müssen kein Buddhist werden. Es gibt Nicht-Buddhisten, die buddhistischer als Buddhisten sind. Man muss sich vor Worten und dem äußeren Schein hüten. Sind Sie sicher, dass Sie kein Buddhist sind? Nein. Man kann nicht sicher sein, ob man ein Buddhist ist oder nicht. Wenn Sie tief schauen, werden Sie begreifen, dass es diese Einteilung nicht gibt.

Wenn Sie achtsames Gehen genießen können, wenn jeder Schritt Sie mit Frieden, Festigkeit und Freude erfüllt, dann praktizieren Sie schon und müssen sich nicht als Buddhisten oder Nicht-Buddhisten bezeichnen. Das ist nicht so wichtig.«

Überlassen wir dem Buddha selbst das Wort, um dieses kleine Buch zum Abschluss zu bringen. Es handelt sich um einen Text, den Thich Nhat Hanh in seinem Siddhartha gewidmeten

Buch zitiert und in dem der geistige Gehalt der buddhistischen Lehre zum Ausdruck kommt.

»Das Leiden ist nur eine Seite des Lebens. Es hat noch eine andere Seite, die des Wunderbaren. Können wir diese Seite sehen, werden wir Glück, Frieden und Freude erfahren. Sind unsere Herzen frei, können wir die Wunder des Lebens unmittelbar berühren. Wenn wir die Wahrheiten der Unbeständigkeit, der Leerheit von einem Selbst und des Entstehens in wechselseitiger Abhängigkeit wirklich erfasst haben, werden wir erkennen, wie wunderbar unser eigenes Herz, unser eigener Geist ist; wir sehen, wie wunderbar die Zweige des violetten Bambus sind, die goldenen Chrysanthemen, das klare Wasser und der leuchtende Mond.

Weil wir uns in unserem Leiden einschließen, verlieren wir die Fähigkeit, das Wunderbare des Lebens zu erfahren. Wenn wir aber tiefes Verstehen erlangen und den Schleier der Unwissenheit zerreißen, entdecken wir das weite Reich des Friedens, der Befreiung und des *nirvana.* Nirvana bedeutet das Erlöschen aller illusorischen Vorstellungen, die der Unwissenheit entstammen. Es ist das Ende von Gier und Zorn, das Hervortreten von Friede, Freude und Freiheit.

Verehrte Gäste, nehmt euch einmal die Zeit, das Fließen des klaren Wassers oder das herbstliche Sonnenlicht zu betrachten. Könnt ihr dabei Frieden, Freude und Freiheit erfahren? Seid ihr noch im Gefängnis eures Kummers und eurer Ängste eingeschlossen, so werdet ihr die Wunder des Universums ewig nicht erfahren. Eure Atmung, euer Herz, euer Körper und euer Geist gehören zu diesen Wundern. Der Pfad, den ich entdeckt habe, führt dazu, über den Kummer, die Angst und die Betrübnis hinauszugelangen, indem man tief in deren wahre Natur schaut. Ich habe vielen Menschen diesen Pfad gezeigt, und auch ihnen ist es gelungen, ihn für sich selbst zu entdecken.«

Literatur

(Titel aufgeführt in der Reihenfolge ihrer ersten Erwähnung im Text)

Thich Nhat Hanh, *Der Duft von Palmenblättern*, Herder 2000
–, *Das Herz von Buddhas Lehre*, Herder 2004

Chan Khong, *Aus Liebe zu allen Wesen*, Theseus 1995

Thich Nhat Hanh, *Changer l'avenir pour une vie harmonieuse*, Albin Michel 2000
–, *La sérenité de l'instant*, Dangle 1992
–, *Meditationen zu »Lebendiger Buddha, lebendiger Christus«*, Goldmann 1988
–, *Wie Siddharta zu Buddha wurde*, dtv 2004

Victor Hugo, *Les Misérables. Die Elenden*, Aufbau 2001

Kontaktadressen

Spirituelles Zentrum von Thich Nhat Hanh

Plum Village
New Hamlet
13 Martineau
F-33580 Dieulivol
Tel. 0033 556616688
Fax 0033 556616151
www.plumvillage.org

Praxiszentrum und Seminarhaus

InterSein Zentrum für Leben in Achtsamkeit
Haus Maitreya –
Unterkashof 2 1/3
D-94545 Hohenau
Tel. 08558 920252
www.intersein-zentrum.de

Informationen über Thich Nhat Hanhs Aktivitäten und Meditationsgruppen seiner Lehrrichtung in Deutschland

Intersein-Informationsbüro
Karl Schmied
Postfach 60
D-83730 Fischbachau
Tel. 080 282024
Fax 080 282120
www.intersein.de

Buddhistisches Meditationshaus

Quelle des Mitgefühls
Heidenheimer Str. 27
D-13467 Berlin
Tel. 030 40586540
Fax 030 40586541
www.quelle-des-mitgefuehls.de